DISCOVERING
BELGIUM
BELGIË BELGIQUE BELGIEN

Le château de Belœil.
Het kasteel van Belœil.
The château of Belœil.
Das Schloß von Belœil.

Entre Rochehaut et Mogimont.
Tussen Rochehaut en Mogimont.
Between Rochehaut and Mogimont.
Zwischen Rochehaut und Mogimont.

DISCOVERING

BELGIUM
BELGIË BELGIQUE BELGIEN

PHOTOS FOTO'S PHOTOS AUFNAHMEN
EDITIONS MERCKX UITGEVERIJ

TEXT TEKSTEN TEXTES TEXTE
GEORGES-HENRI DUMONT

 MERCKX

België is het enige land ter wereld dat een zo rijk en gevarieerd natuurlijk en cultureel patrimonium herbergt op zo'n kleine oppervlakte (30.528 km²). Oostende en Virton liggen slechts een 300 kilometer uit elkaar. Men heeft amper de kuststreek en de Polders achter zich gelaten, of men bevindt zich reeds in het Vlaamse binnenland. Hier getuigen de steden met prestigieuze monumenten, van hun drang naar zelfstandigheid en vrijheid. Gelegen tussen Vlaams Brabant, dat er prat op gaat in Leuven de eerste universiteit van de vroegere Nederlanden te huisvesten, en Waals Brabant met haar zacht glooiende valleien, profileert Brussel zich nu meer dan ooit als hoofdstad. Ten zuiden van de vallei van Samber en Maas vindt men de beboste toppen van de Condroz, waar rivieren zich kronkelend een weg banen door de rotsen. Nog verder zuidwaarts gaat het landschap over in de ruwe en fascinerende Ardennen, waarvan het hercynisch schild omhooggestuwd aan Duitse kant, in opeenvolgende golven omhoogkomt tot boven de 600 meter. Maar vanaf het woud van Anlier worden zowel landschap als klimaat zachter. Op deze grens van België, in de Gaume, koesteren de wijngaarden zich in de zon.

Het land wordt doorkruist door twee bevaarbare stromen. En in de voorbije tweeduizend jaar hebben zij steeds opnieuw hun oeverbewoners samengebracht en grote culturele stromingen aangevoerd. Antwerpen dankt haar statuut als havenstad en haar welvaart aan de Schelde. Luik dankt haar rol als prinselijke hoofdstad en haar banden met de beschaving van het Rijngebied dan weer aan de Maas. Er is immers niets dat het Belgische grondgebied scheidt van haar buurlanden. Niets staat de ontmoeting tussen rassen en de uitwisseling van koopwaar en ideeën in de weg. Maar ook legers kunnen er probleemloos binnen. Vanwaar ook de militaire en diplomatieke belevenissen. Deze zijn er echter niet in geslaagd afbreuk te doen aan de heel eigen gemeenschappelijke beschaving en mentaliteit. In de 15de eeuw — de eeuw van de hertogen van Bourgondië — leverden schilders, beeldhouwers, musici en schrijvers hiervan het overtuigende bewijs in hun kunst. En onder de heerschappij van Keizer Karel schittert de europeanisatie van de Nederlanden in al haar glorie. Dit was vóór Filips II en de verdeling van de XVII Provinciën in twee eenheden, die later Holland en België zouden vormen. Dit was de tijd van Bruegel en Patenier in de 16de en Rubens en Van Dijck in de 17de eeuw.

De Belgen leefden opeenvolgend onder de heerschappij van de koningen van Spanje en de keizers van Oostenrijk. Dan werd hun land veroverd en ingelijfd door Frankrijk. In 1815, na de nederlaag van Napoleon in Waterloo, besloten de zegevierende Europese Machten in het Congres van Wenen een enkel koninkrijk te maken van de Zuidelijke Nederlanden, het Noorden van de Verenigde Provinciën en het Prinsdom Luik. Op economisch vlak hingen deze drie gebieden goed aan elkaar, ze waren zelfs complementair. Een goed voorbeeld hiervan is dat in 1946 zelfs een douaneverdrag werd afsloten tussen Nederland, België en Luxemburg, de zogenaamde Benelux. Maar in twee eeuwen tijd waren de ideologische verschillen te groot geworden. In Holland was het calvinisme de overheersende godsdienst geworden, terwijl de Belgen katholiek gebleven waren. Ook de zeden en gewoontes waren verschillend geëvolueerd. Bovendien was de dorst naar vrijheden veel sterker in het zuiden dan in het noorden. Het gebrek aan psychologisch inzicht van Willem I deed de rest en bewerkstelligde zo het falen van dit koninkrijk.

Door de revolutie in 1830 tegen het Hollands bewind, richtten de Belgen uiteindelijk een onafhankelijke staat op en kozen ze voor een regime van een constitutionele en parlementaire monarchie. Dit was geen ongelukje in de geschiedschrijving, maar het resultaat van een voortdurende drang een welbepaald doel na te streven in het hart van Europa.

Vlak na de Tweede Wereldoorlog kwam men tot het besef dat het unitaire en centralistische karakter van de Belgische inrichtingen, overgeërfd van de Franse bezetters, niet langer strookte met de realiteit van een multiculturele staat. Wallonië, dat reeds vroeger was geïndustrialiseerd dan Vlaanderen, verzamelde op zijn territorium industrieën die hetzij verouderd waren, hetzij een steeds sterkere concurrentie kregen uit de rest van de wereld, zoals bv. de staalnijverheid. Het was dus noodzakelijk de nodige conversies uit te voeren ten gunste van nieuwe sectoren. Vlaanderen profiteerde van haar havensteden in de periode waarin petroleum de plaats van steenkool innam als eerste energiebron. Antwerpen, dat reeds een nationaal transitcentrum was, werd dan ook een petroleumhaven, wat de vestiging van de petrochemie er in de hand werkte. Bovendien concentreerde Vlaanderen haar inspanningen op eerder niet traditionele industrietakken, zoals metaalbouw, de elektronica of de montage van wagens.

Dit economisch onevenwicht, ongetwijfeld tijdelijk, vereiste een gedifferentieerde politieke aanpak en voegde zich nog bij de bestaande taalproblemen. De Vlaamse meerderheid eiste de culturele autonomie van de Belgische gemeentes. Deze autonomie werd verkregen in de jaren '70 en luidde het begin in van het moeilijke federalisatieproces. Door de wijzigingen in de Grondwet verkregen de drie Gemeenschappen – Vlaamse, Waalse en Duitstalige — en de drie Gewesten — Vlaams, Waals en Brussels — een grote autonomie in bepaalde materies. Op die manier keert België terug naar haar federale traditie die stammen uit de 15de eeuw.

Op hetzelfde ogenblik dat België zich een nieuwe constitutionele structuur toemat, is ze ook een zeer actieve internationale rol gaan spelen. België maakt deel uit van de economische unie van de Benelux, een verbond met het koninkrijk Nederland en het Groothertogdom Luxemburg; het is een van de medestichters van de Verenigde Naties en een aantal andere gespecialiseerde instellingen binnen de VN; het is geïntegreerd in de Noordatlantische Verdragsorganisatie (NATO) die in België ook haar zetel heeft. België is ook een van de allereerste leden van de Europese Gemeenschap voor Kolen en Staal en van het Euratom. Dit was ook het geval voor de E.E.G., bij de ondertekening van het verdrag van Rome in 1957. Het is daarom ook heel normaal dat Brussel zijn roeping nastreeft als hoofdstad van de Europese Unie, zeker met het oog op de nakende uitbreidingen met landen bevrijd van het sovjetrussisch imperialisme.

De par le monde, il n'est aucun autre pays qui, comme la Belgique, répartit un patrimoine naturel et culturel tout à la fois aussi riche et aussi varié sur un territoire aussi exigu (30.528 km²). Quelque trois cents kilomètres seulement séparent Ostende de Virton.

A peine a-t-on quitté les plages du littoral et les terres des polders que l'on pénètre déjà en Flandre intérieure dont les villes témoignent, par leur monuments prestigieux, de la volonté d'autonomie et de liberté. Entre le Brabant flamand, fier d'abriter à Louvain la première université des anciens Pays-Bas, et le Brabant wallon aux douces vallées, Bruxelles confirme plus que jamais son rôle de capitale. Au sud du sillon Sambre-et-Meuse, les crêtes boisées du Condroz où les rivières se perdent dans les roches précèdent l'âpre et fascinante Ardenne, dont le bouclier hercynien relevé vers l'Allemagne se soulève en vagues successives jusqu'à atteindre plus de 600 mètres. Mais à partir de la forêt d'Anlier, le paysage s'apaise et le climat se réchauffe. Nous sommes au bout de la Belgique, en Gaume où des vignes s'étagent au soleil.

Deux grands fleuves navigables traversent le pays. Au cours de deux millénaires, ils n'ont cessé d'unir leurs riverains et de charrier de grands courants culturels. A l'Escaut, Anvers doit sa vocation portuaire et sa prospérité. A la Meuse, Liège doit son rôle de capitale principautaire et ses liens avec la civilisation rhénane. Car rien ne sépare le sol de la Belgique de celui de ses voisins. La rencontre des races, des marchandises et des idées s'y réalise sans entrave. La rencontre des armées aussi hélas! D'où ses avatars militaires et diplomatiques.

Ceux-ci n'ont cependant pas réussi à affadir l'originalité d'une civilisation et d'une mentalité communes. Au XVe siècle — le siècle des ducs de Bourgogne — peintres, sculpteurs, musiciens et écrivains en ont fourni la preuve par l'art, la plus convaincante qui soit. Et sous le règne de Charles Quint, l'européanisation des Pays-Bas brille d'un éclat exceptionnel avant la rupture des XVII Provinces, sous Philippe II, en deux entités qui deviendront la Hollande et la Belgique. C'est le temps de Bruegel et de Patenier au XVIe siècle, de Rubens et de Van Dijck au XVIIe.

Les Belges vécurent successivement sous la souveraineté des rois d'Espagne et des empereurs d'Autriche, puis leur pays fut conquis et annexé par la France. En 1815, après la défaite de Napoléon à Waterloo, les Puissances européennes victorieuses réunies au Congrès de Vienne décidèrent d'amalgamer en un seul royaume les Pays-Bas du sud, les Provinces Unies du nord et la principauté de Liège. Cela ne manquait pas de cohérence sur le plan économique; les entités étaient complémentaires — en 1946, elles concluront d'ailleurs la convention douanière néerlando-belgo-luxembourgeoise, connue sous le nom de Benelux. Mais, pendant deux siècles, les clivages idéologiques s'étaient accrus. Le calvinisme était devenu la religion dominante en Hollande, tandis que les Belges étaient restés catholiques; les mœurs et les mentalités avaient évolué différemment. Par surcroît, la soif de libertés était plus forte dans le Sud que dans le Nord. Le manque de psychologie du roi Guillaume Ier fit le reste et contribua à l'échec de l'amalgame.

Par leur révolution de 1830 contre le régime hollandais, les Belges s'organisèrent enfin en un Etat indépendant et se choisirent le régime de la monarchie constitutionnelle et parlementaire. Ce n'était pas un accident de l'Histoire mais l'aboutissement d'une constante volonté de partager un destin particulier au cœur de l'Europe.

Au lendemain de le Seconde Guerre mondiale, il apparut que le caractère unitaire et centralisé des institutions belges, hérité de l'occupation française, ne correspondait plus aux réalités d'un Etat pluriculturel. La Wallonie, industrialisée avant la Flandre, accumulait sur son territoire des industries soit obsolètes comme les charbonnages, soit de plus en plus concurrencées dans le monde comme la sidérurgie. Il lui fallait entreprendre la conversion nécessaire au profit de secteurs nouveaux. La Flandre, à l'heure où le pétrole détrônait la houille comme source d'énergie, se trouvait bien placée grâce à ses villes portuaires. Déjà centre national du transit, Anvers devint un port pétrolier, ce qui favorisa l'établissement de la pétrochimie. La Flandre concentra, en outre, ses efforts sur les industries non traditionnelles comme la construction métallique, l'électronique ou le montage des voitures automobiles.

Ce déséquilibre économique, sans doute momentané, imposait des politiques différenciées et s'ajoutait aux problèmes linguistiques. Majoritaires, les Flamands exigeaient l'autonomie culturelle des communautés composant la Belgique. Cette autonomie fut réalisée dans les années 70 et amorça non sans difficultés ni heurts le processus d'une fédéralisation qui assure désormais aux trois Communautés — flamande, française et germanophone — et aux

trois Régions — flamande, wallonne et de Bruxelles-Capitale — une large autonomie de gestion dans les matières que leur ont attribuées les réformes de la Constitution. La Belgique a ainsi renoué avec ses traditions fédérales qui remontaient au XVe siècle.

En même temps qu'elle se donnait une structure constitutionnelle nouvelle, la Belgique s'est efforcée de jouer un rôle international très actif. Partie prenante de l'union économique Benelux qui la lie au royaume des Pays-Bas et au Grand-Duché de Luxembourg, état fondateur de l'Organisation des Nations Unies et des autres institutions spécialisées du système de l'O.N.U., elle est intégrée dans l'Organisation du traité de l'Atlantique Nord dont elle abrite le siège. De la Communauté européenne du Charbon et de l'Acier et de l'Euratom, la Belgique fut l'un des membres dès l'origine; elle le fut aussi de la C.E.E., lors de la signature du traité de Rome en 1957. Et tout naturellement, Bruxelles réalise sa vocation de capitale de l'Union Européenne, en voie d'élargissement aux pays libérés de l'impérialisme soviétique.

Het Brugse begijnhof.
Le béguinage de Bruges.
The béguinage of Bruges.
Der Beginenhof von Brügge.

There is no other country in the world which is like Belgium, possessing such a rich and diverse cultural patrimony and such a variety of landscape all crammed into a tiny territory of only 30,528 kilometers square. Only three hundred kilometers separate Ostend and Virton.

One has just left the beaches on the coast and the polders and one is already in inner Flanders where the splendid monuments of the towns are evidence of the thirst for liberty and autonomy. The increasingly important capital of Brussels is situated between Flemish Brabant, the proud home of Leuven and its university, the first of the former Low Countries, and Walloon Brabant with its gentle valleys. To the south of the Sambre and Meuse are the wooded crests of the Condroz where the rivers lose themselves in the rocky terrain. Next comes the harsh yet fascinating Ardennes whose Hercynian shield, tilting up towards Germany, rises in steps to more than 600 meters. After the forest of Anlier, however, the landscape softens and the climate is warmer. We are at the end of Belgium, in Gaume where vines grow on sunny terraces.

Two great navigable rivers cross the country. For two millenia they have served to unite the people living along them and to disseminate cultural influences. Antwerp owes its port and its prosperity to the Scheldt. Liège owes its former role as capital of a Principality and its relations with Rhineland civilization to the Meuse. Belgium has no natural frontiers. The exchange of peoples, goods and ideas is facilitated by this lack of barriers but also, alas, it facilitates military invasions with their inevitable diplomatic and military con-

sequences. However, these problems have not diluted a distinct civilization and common mentality. In the 15th century, that of the Dukes of Burgundy, the works of painters, sculptors, musicians and writers give convincing proof of this unique culture. Under Charles the Fifth the Low Countries assumed a brilliant role in the European scene until, under Philip II, the Seventeen Provinces broke apart into two states, Holland and Belgium. This is the period of Breughel and Patenier in the 16th century and of Rubens and Van Dyck in the 17th. The Belgians were then ruled first by Spain and then by Austria and finally, conquered and annexed by France. After the defeat of Napoleon at Waterloo in 1815, the victorious European powers met at the Congress of Vienna and decided to amalgamate the southern Low Countries, the United Provinces of the north, and the Principality of Liège into one sole kingdom. This was economically sound as the three states were complementary: indeed, in 1946 they formed a Dutch-Belgian-Luxemburg customs union called the Benelux. But at that time an ideological gulf had developed over the centuries. Calvinism had become the dominant religion in Holland, while Belgium had remained Catholic and there were great differences in customs and mentalities. Furthermore, there was a more ardent desire for liberty in the South than in the North. The psychological obtuseness of William I exacerbated the differences and the union failed.

After their revolution overthrew the Dutch regime in 1830 the Belgians were finally able to organize an independent state and chose to establish a constitutional and parliamentary monarchy. This

was not an accident of history but the fruit of a consistent desire to share a common destiny in the bosom of Europe.

After World War II it became obvious that the unitary and centralized character of Belgian institutions, inherited from the French occupation, no longer corresponds to the needs of a multicultural state. Wallonia had been industrialized long before Flanders and its industries such as coal mining were either obsolete or suffering from increased competition, such as iron and steel. It would be necessary to convert to newer and more profitable sectors. On the other hand, Flanders with its ports was well placed when petroleum replaced coal. Antwerp, already a national transit centre, became a tanker port, leading to the establishment of petrochemical industries. Flanders also concentrated on new industries such as mechanical engineering, electronics and automotive assembly.

This economic imbalance, most likely temporary, made new policies necessary and also aggravated the linguistic problem. The Flemish majority demanded cultural autonomy for the linguistic communities of Belgium, which was introduced in the Seventies. This was the beginning, though not without difficulties and strife, of the federalization process which now guarantees to the three Communities — Flemish, French and German — and to the three regions — Flanders, Wallonia and Brussels-Capital — great autonomy in the administration of matters granted to them by Constitutional reform. Belgium has thus returned to the federal traditions of the 15th century.

At the same time that Belgium was

developing and adopting new constitutional structures she was obliged to assume a very active international role. She was one of the founders of the Benelux economic union, linking it to the Netherlands and the Grand-Duchy of Luxemburg, a charter member of the United Nations and its specialized agencies; she is also a member of the North Atlantic Treaty Organization, hosting its headquarters. She was one of the original members of the European Coal and Steel Community and of Euratom as well as the EEC, signing the Treaty of Rome in 1957. And then there is Brussels with its vocation as capital of the European Union, now being expanded to include countries who have become independent of Soviet imperialism.

Belgien ist das einzige Land der Welt, das auf so geringem Raum (30.528 km²) einen derartigen Reichtum und eine solche Vielfalt an natürlichen Ressourcen und Kulturerbe besitzt. Ostende und Virton liegen nur etwa 300 km voneinander entfernt.

Kaum hat man die Strände des Küstenstreifens und das Polderland hinter sich gelassen, ist man schon mitten in Flandern, wo die Städte mit ihren prächtigen Bauwerken den Wunsch nach Freiheit und Unabhängigkeit dokumentieren. Zwischen Flämisch-Brabant, das stolz darauf ist, daß Löwen die erste Universität der ehemaligen Niederlande besaß, und Wallonisch-Brabant mit seinen sanften Tälern behauptet Brüssel mehr denn je seine Rolle als Hauptstadt. Südlich der Sambre-Maas-Linie sind die bewaldeten Bergkämme des Condroz, wo sich die Flüsse in den Felsen verlieren, der rauhen und zugleich faszinierenden Landschaft der Ardennen vorgelagert, deren herzynischer "Schutzwall" zu Deutschland sich wellenförmig bis zu einer Höhe von mehr als 600 Metern erhebt. Ab dem Wald von Anlier wird die Landschaft jedoch sanfter und das Klima wärmer. Wir sind hier an der Grenze Belgiens, in der Gaume, wo die Weinreben die Sonne genießen.

Zwei große schiffbare Flüsse durchziehen das Land. Schon seit zwei Jahrtausenden verbinden sie ihre Anrainer miteinander und brachten auch große Kulturströmungen mit sich. Antwerpen verdankt sein Ansehen als Hafenstadt und seinen Reichtum der Schelde, während Lüttich an der Maas seine Rolle als Hauptstadt des Fürstentums und als Bindeglied zur rheinischen Kultur erfüllt. Zwischen Belgien und seinen Nachbarländern gibt es keine geographischen Grenzen. Hier treffen ungehindert verschiedene Völker, Waren und Vorstellungen aufeinander. Dies galt leider auch für die Armeen, was zu den militärischen und diplomatischen Zusammenstößen führte, die der Originalität der gemeinsamen Kultur und Mentalität jedoch keinen Abbruch taten. Die Kunst der Maler, Bildhauer, Musiker und Schriftsteller des 15. Jhs. — des Jahrhunderts der Herzöge von Burgund — sind dafür der überzeugendste Beweis. Während der Herrschaft Karls V. erlebte die Europäisierung der Niederlande eine besonders glanzvolle Periode, bevor Philipp II. die 17 Provinzen in zwei Einheiten unterteilte, die später zu Holland und Belgien wurden. Dies ist die Epoche von Bruegel und Patenier im 16. Jh. sowie von Rubens und van Dijck im 17. Jh.

Belgien fiel zunächst unter die Herrschaft der spanischen Könige und anschließend der Kaiser von Österreich, bevor die Franzosen das Land eroberten und annektierten. Im Jahre 1815, nach der Niederlage Napoleons bei Waterloo, beschlossen die europäischen Siegermächte auf dem Wiener Kongreß, die südlichen Niederlande, die Vereinten Provinzen des Nordens und das Fürstentum Lüttich zu einem einzigen Königreich zusammenzufassen. Auf wirtschaftlicher Ebene fehlte es nicht an Zusammenhalt, denn die beiden Teile ergänzten einander. 1946 wurde ein Zollabkommen zwischen den Niederlanden, Belgien und Luxemburg geschlossen ("Benelux"). Die ideologischen Unterschiede waren im Laufe von zwei Jahrhunderten jedoch immer größer geworden. In Holland war der Kalvinismus zur dominierenden Religion geworden, während die belgische Bevölkerung der katholischen Kirche treu geblieben war. Sitten und Mentalitäten hatten sich unterschiedlich entwickelt. Zudem war der Freiheitsdrang im Süden stärker als im Norden. Das fehlende psychologische Geschick Wilhelms I. führte schließlich zum Scheitern des Zusammenschlusses.

Nach ihrer Revolution im Jahre 1830 gegen die holländische Herrschaft gründeten die Belgier einen unabhängigen Staat in Form einer konstitutionellen und parlamentarischen Monarchie. Dies war kein Zufall der Geschichte, sondern die Folge des ständigen Wunsches, die eigenen Geschicke im Herzen Europas selbst in die Hand zu nehmen.

Nach dem Zweiten Weltkrieg zeigte sich, daß der einheitliche und zentralistische Charakter der belgischen Institutionen — ein Relikt aus der Zeit der französischen Besatzung — dem multikulturellen Staat nicht mehr gerecht wurde. Die Wirtschaft Walloniens, das vor Flandern industrialisiert worden war, war entweder veraltet, wie der Kohlebergbau, oder erhielt starke internationale Konkurrenz, wie die Eisen- und Stahlindustrie. Man sah sich gezwungen, Veränderungen zugunsten neuer Sektoren vorzunehmen. Flandern dagegen erlebte dank der Hafenstädte eine Blütezeit, als das Erdöl die Steinkohle als Hauptenergiequelle ablöste. Antwerpen, bereits wichtigster nationaler Umschlagplatz, entwickelte sich zum Erdölhafen, was den Aufbau der Petrochemie begünstigte. Zudem förderte Flandern Industrien wie Stahlbau, Elektronik oder Automobilindustrie.

Dieses deutliche vorübergehende wirtschaftliche Ungleichgewicht, das zu den bereits vorhandenen Sprachproblemen hinzukam, machte differenzierte politische Maßnahmen erforderlich. Die Flamen, die in der Mehrheit waren, forderten die kulturelle Autonomie der verschiedenen Gemeinschaften Belgiens. In den 70er Jahren wurde diese Autonomie verwirklicht und setzte — nicht ohne Schwierigkeiten und Reibereien — einen Föderalisierungsprozeß in Gang, der seither den drei Gemeinschaften — der flämischen, französischen und deutschsprachigen — und den drei Regionen — Flandern, Wallonien und Stadt Brüssel — eine weitgehend autonome Verwaltung in den Bereichen garantiert, die ihnen durch die Verfassungsreformen zugewiesen wurden. So konnte Belgien an die ins 15. Jh. zurückgehenden föderalen Traditionen anknüpfen.

Belgien bemühte sich in der Zeit der konstitutionellen Reformen auch darum, auf internationaler Ebene eine aktive Rolle zu spielen. Als Teil der Wirtschaftsunion Benelux ist Belgien mit dem Königreich Holland und dem Großherzogtum Luxemburg verbunden. Als Gründungsstaat der Vereinten Nationen und anderer Institutionen der UNO ist Belgien nicht nur Mitglied, sondern auch Sitz der Organisation des Nordatlantikpakts. Ferner gehörte Belgien zu den Gründungsmitgliedern der Europäischen Gemeinschaft für Kohle und Stahl sowie von Euratom und unterzeichnete im Jahre 1957 die Römischen Verträge zur Gründung der EWG. Da ist es nicht weiter verwunderlich, daß gerade Brüssel Hauptstadt der Europäischen Union wird, die im Begriff ist, sich um die vom sowjetischen Imperialismus befreiten Länder zu erweitern.

West-Vlaanderen

Eertijds was **Brugge** een havenstad. Het water van zijn kanalen kwam terecht in de Noordzee via een zeearm, het Zwin. De kooplui laadden het laken op hun schepen en voerden het tot in Novgorod en, langs de markten in de Champagnestreek, tot in het Middellandse-Zeegebied. Na de verzanding van het Zwin kende de stad nog een eeuw van welvaart tot in de 15de eeuw, en dit dankzij de voorhavens van Damme en Sluis. Het verval van Brugge ten voordele van Antwerpen begon in de 16de en duurde tot de 19de eeuw. Toch kon Brugge ontsnappen aan de industrialisatie en behield het op die manier zijn bijna ongewijzigde stadsstructuur. Zijn kades, die er nu vreedzaam bijliggen, zijn omzoomd met herenhuizen die stijlen en kleuren harmonieus afwisselen.

Zowel de brug met drie bogen die de reien overspant als het ingangsportaal van het **Brugse begijnhof** dateren uit de 18de eeuw. Het fenomeen van de begijnhoven ontstond in de 12de eeuw toen vrouwen, die in de feodale gemeenschap als overtollig werden beschouwd, wilden ontsnappen aan de verplichtingen van het kloosterleven en tegelijk een nuttig bestaan wilden leiden binnen een vrome gemeenschap. De zusters Benedictinessen namen in 1930 de fakkel over.

In 1376 legde de Graaf van Vlaanderen, Lodewijk van Male, de eerste steen van het **stadhuis van Brugge**. Dit verticaal opgetrokken gebouw domineert het Burgplein. Met zijn stijl dient het ook tot inspiratie voor de latere stadhuizen van Brussel en Leuven. Links van het stadhuis zorgt de renaissancegevel van de vroegere burgergriffie voor de overgang naar het Justitiepaleis dat werd gebouwd in 1520 en herbouwd in de 18de eeuw.

Uit **Oostende** voeren in de 18de eeuw de zeelui af van de koninklijke Indische Compagnie, richting Bengalen en China. Van deze vroegere versterkte plaats en haven maakte Leopold II een badplaats met wereldfaam. Op het eind van de pier waakt de vuurtoren over de behouden terugkeer van de vissersboten.

Flandre Occidentale

Jadis ville portuaire, les eaux des canaux de **Bruges** rejoignaient la mer du Nord par un bras de mer, le Zwin. Les marchands chargeaient sur leurs navires les draps qu'ils acheminaient jusqu'à Novgorod et, via les foires de Champagne, dans le monde méditerranéen. Après l'ensablement du Zwin, la ville connut encore, grâce aux avant-ports de Damme et de Sluis, une ère de prospérité au XVe siècle. Sa décadence au profit d'Anvers s'amorça au siècle suivant et se prolongea jusqu'au XIXe siècle. Bruges échappa en même temps à l'industrialisation et conserve ainsi, quasi inchangé, son tissu urbain. Ses quais aujourd'hui paisibles sont bordés de maisons bourgeoises qui font alterner les styles et les couleurs sans rupture d'harmonie.

Le pont à trois arches qui franchit la Reie et le portail d'entrée qui donne accès au **béguinage de Bruges**, datent tous deux du XVIIIe siècle. Le phénomène béguinal naquit au XIIe siècle lorsque des femmes, excédentaires dans la société féodale, voulurent tout à la fois échapper aux contraintes de la vie monastique et mener une existence utile dans des communautés pieuses. Des religieuses bénédictines ont pris le relais en 1930.

L'hôtel de ville de Bruges, dont la première pierre fut posée en 1376 par le comte de Flandre Louis de Male, domine de sa verticalité la place du Burg. Son style inaugure celui des hôtels de ville de Bruxelles et de Louvain. A sa gauche, la façade Renaissance de l'ancien Greffe civil réalise la transition avec celle du Palais de Justice construit en 1520 et réédifié au XVIIIe siècle.

De l'ancienne place forte et du port d'**Ostende** d'où les marins de la Compagnie impériale et royale des Indes partaient, au XVIIIe siècle, vers le Bengale et la Chine, Léopold II fit une station balnéaire de réputation mondiale. Au bout de l'estacade, le phare veille sur le retour des bâteaux de pêche.

Western Flanders

Bruges was once a port and the waters of its canals flowed to the North Sea by means of a sea-reach, the Zwin. Merchants loaded their ships with cloth which they traded as far afield as Novgorod or, via the fairs of Champagne, to the Mediterranean regions. Even after the Zwin silted up the town remained prosperous, thanks to the outer ports of Damme and Sluis, into the 15th century. The decline of Bruges and the rise of Antwerp began in the following century and continued into the 19th century. Bruges escaped industrialization during this period and thus preserved its urban fabric almost completely. Today its quiet quays are lined with comfortable bourgeois houses, alternating styles and colours in pleasing harmony.

The triple-arched bridge spanning the Reie and the entry portal lead to the **béguinage of Bruges** and both date from the 18th century. The béguine movement began in the 12th century when women who were at a surplus in feudal society wished to live a useful life in pious comminities without the constraint of taking religious vows. Benedictine nuns acquired the béguinage in 1930.

The soaring vertical lines of the **Town Hall of Bruges**, whose cornerstone was laid by Louis of Male, Count of Flanders in 1376, dominates the Burgplein. Its style influenced that of the City Halls of Leuven and Brussels. To the left the Renaissance façade of the old municipal offices serves as a transition to the façade of the Law Courts, built in 1520 and rebuilt in the 18th century.

Leopold II transformed the old fortified square and port of **Ostend**, from which the sailors of the Imperial and Royal Indian Company used to set sail for China and Bengal, into a world-class sea resort. Today the old lighthouse at the end of the pier watches over fishing boats.

West-Flandern

Das Wasser in den Kanälen der ehemahligen Hafenstadt **Brügge** floß über einen Meeresarm, den Zwin, in die Nordsee. Die Händler beluden ihre Schiffe mit Stoffen, die sie bis nach Novgorod und über die Märkte der Champagne in den Mittelmeerraum brachten. Nach der Versandung des Zwin erlebte die Stadt, dank der Außenhäfen in Damme und Sluis, im 15. Jh. eine neue Blütezeit. Der Niedergang von Brügge zugunsten von Antwerpen setzte jedoch bereits im folgenden Jahrhundert ein und zog sich bis ins 19. Jh.. Brügge blieb auf diese Weise von der Industrialisierung verschont und konnte sein ursprüngliches Stadtbild nahezu unverändert erhalten. Die heute stillgelegten Kais sind mit Bürgerhäusern gesäumt, deren unterschiedliche Baustile und Farben eine harmonische Einheit bilden.

Die Brücke mit den drei Bögen, die über die Reie führt, und das Eingangstor zum **Beginenhof von Brügge** stammen beide aus dem 18. Jh. Die Beginen-Bewegung selbst hat ihren Ursprung im 12. Jh., als Frauen, die von der Feudalgesellschaft ausgeschlossen waren, sich zwar nicht den Zwängen des Ordenslebens unterwerfen, aber dennoch eine sinnvolle Aufgabe in den frommen Gemeinschaften übernehmen wollten. 1930 traten die Benediktinerinnen ihre Nachfolge an.

Der Graf von Flandern, Ludwig von Male, legte im Jahre 1376 den Grundstein für das **Rathaus von Brügge**, das mit seinen himmelwärts strebenden Türmchen das Bild des Burgplatzes prägt. Im gleichen Stil wurden später die Rathäuser von Brüssel und Löwen gebaut. Zu seiner Linken schließt sich der 1520 errichtete und im 18. Jh. wiederaufgebaute Justizpalast an die Renaissance-Fassade der ehemaligen Stadtkanzlei an.

Leopold II. verwandelte die ehemalige Festung und den Hafen von **Ostende**, von dem aus die Seeleute der kaiserlichen und königlichen Ostindischen Kompanie im 18. Jh. in Richtung Bengali und China in See stachen, in ein weltbekanntes Seebad. Der Leuchtturm am Ende des Hafendamms wacht über die Rückkehr der Fischerboote.

Als ultieme poging om de toegang tot de zee te behouden, werd een kanaal gegraven dat de communicatie moest verzekeren tussen Brugge en de voorhaven **Damme**. Maar de verzanding kreeg ook greep op Damme en later ook op Sluis. De molenwieken van Damme draaien nu voor een kanaal dat elke toegang tot de zee heeft verloren.

Ultime tentative de maintenir l'accès de Bruges à la mer, un canal fut creusé pour assurer la communication avec l'avant-port de **Damme**. Mais l'ensablement gagna à son tour la cité puis Sluis. Les ailes du moulin de Damme tournent désormais devant un canal qui a perdu le chemin de la mer.

The last attempt to keep Bruges accessible to the sea was a canal which was dug to link the town with the out-port of **Damme**. The relentless silting up continued, however, first at Damme and then at Sluis. The sails of the Damme windmill now turn before a landlocked canal.

Als letzter Versuch, den Zugang Brügges zum Meer zu erhalten, wurde ein Kanal gebaut, der die Verbindung zum Vorhafen **Damme** garantieren sollte. Aber die Versandung erreichte zunächst die Stadt und anschließend auch Sluis. Die Flügel der Windmühle von Damme drehen sich seither vor einem Kanal, dessen Wasser nicht mehr ins Meer fließt.

Tijdens de slag bij de IJzer herschiep de zware Duitse artillerie **Diksmuide** in een grote puinhoop. In 1920 werd Diksmuide deels heropgebouwd, maar terug gebombardeerd in 1940. De Grote Markt werd opnieuw opgetrokken in traditionele Vlaamse stijl. Achter het stadhuis (1923) ziet u het belfort en de toren van de Sint-Niklaaskerk.

Au cours de la bataille de l'Yser, la grosse artillerie allemande fit de **Dixmude** un monceau de ruines. Reconstruite à partir de 1920, la ville fut à nouveau bombardée en 1940. La grand-place a été reconstituée en style traditionnel flamand. A l'arrière de l'hôtel de ville (1923), le beffroi et la tour de l'église Saint-Nicolas.

German heavy artillery reduced **Dixmude** (Diksmuide) to a heap of ruins during the Battle of the Yser. Reconstruction began in 1920 but the town was shelled again in 1940. The main square has been restored in the traditional Flemish style. The belfry and the tower of Saint Nicholas' church rise behind the 1923 Town Hall.

In **Diksmuide** hinterließ die mächtige deutsche Artillerie in der Schlacht von Ijzer ein Trümmerfeld. Nach 1920 wiederaufgebaut, geriet die Stadt 1940 erneut unter Beschuß. Der Grote Markt wurde danach im traditionellen flämischen Stil wiederaufgebaut. Hinter dem Rathaus (1923) befinden sich der Belfried und der Turm der Nikolauskirche.

Gelegen tussen De Panne, de Franse grens en de Noordzee vormt het natuurreservaat van de **Westhoek** een indrukwekkende vierhoek van 340 hectare duinen. De duinen zijn hier het breedst van de hele kuststreek: drie kilometer. Dankzij het helmgras blijven de duinen hun stabiliteit behouden onder het geweld van de zeewind.

Entre La Panne, la frontière française et la mer du Nord, la réserve naturelle du **Westhoek** forme un impressionnant quadrilatère de 340 hectares de dunes. Celles-ci atteignent la plus grande largeur de tout le littoral: trois kilomètres. Des oyats contribuent à maintenir leur stabilité sous le vent du large.

The nature reserve of **Westhoek** between De Panne, the French border and the North Sea covers an impressive quadrilateral of 340 hectares of dunes. These dunes are the most extensive of the whole coast, reaching three kilometers in width. Marram grass stabilizes them, preserving them from the force of the sea winds.

Das zwischen De Panne, der französischen Grenze und der Nordsee gelegene Naturschutzgebiet **Westhoek** ist eine beeindruckende, 340 ha große Dünenlandschaft. Hier sind die mit 3 Kilometern breitesten Dünen des gesamten belgischen Küstenstreifens zu finden. Der Strandhafer verleiht ihnen die nötige Stabilität, um dem Seewind standzuhalten.

In de vroegere lakenstad **Kortrijk** bevindt zich het Sint-Elisabeth begijnhof, een van de meest bekoorlijke in Vlaanderen. Ten teken van haar autoriteit bewoonde de grootjuffrouw een dubbel huis met trapgevels. Dit huis is nu omgevormd tot een museum van kantwerk, een uiterst fijne kunst die door de begijnen werd beoefend.

Dans l'ancienne ville drapière de **Courtrai**, le béguinage Sainte-Elisabeth est l'un des plus séduisants de Flandre. Signe de son autorité, la Grande Dame occupait une double maison avec des pignons à gradins. Elle est aujourd'hui transformée en musée de la dentelle, art délicat que pratiquaient les béguines.

Saint Elizabeth's béguinage in the old cloth town of **Kortrijk** is one of the most charming in Flanders. As a sign of her authority the Great Lady occupied a double house with stepped gables. This is now a lace museum, a delicate art practiced by the béguines.

Der Beginenhof St. Elisabeth in der alten Tuchmacherstadt **Kortrijk** zählt zu den schönsten in ganz Flandern. Die 41 Häuschen aus dem 17. Jh. umgeben einen Hof, in dem eine Statue von Johanna von Konstantinopel, der Gründerin des Beginenhofs im Jahre 1238, steht. Als Zeichen für ihre Autorität bewohnte die berühmte Dame ein Doppelhaus mit Stufengiebeln, in dem heute ein Museum für Spitzenarbeiten, einer von den Beginen beherrschten schwierigen Kunst, untergebracht ist.

Gedurende de tweede helft van de 12de eeuw werden de grote hallen van **Ieper** opgetrokken aan de oevers van de Ieperlee, waar boten langsvoeren die de wol aanbrachten en blauw laken meenamen. In het midden van het lange gebouw, dat opnieuw werd opgebouwd na de volledige verwoesting tijdens de Eerste Wereldoorlog, trekken vier torentjes de wacht op rond het 80 meter hoge belfort.

Pendant la seconde moitié du XIIIᵉ siècle, on conçut les grandes halles d'**Ypres** en fonction des rives de l'Yperlée par où passaient les bateaux déchargeant la laine et emportant du drap bleu. Au milieu du long édifice reconstruit après la totale destruction lors de la Première Guerre mondiale, quatre tourelles montent la garde autour du beffroi de 80 mètres de haut.

The great cloth hall of **Ypres** (Ieper) was designed during the last half of the 13th century to run along the banks of the Ieperlee where boats came to deliver wool and pick up fulled cloth. Four turrets guard the 80 meter high belfry in the middle of this long building, rebuilt after its total destruction in the First World War.

Während der zweiten Hälfte des 13. Jahrhunderts wurden die großen Tuchhallen von **Ypern** entlang des Yperlée-Ufers erbaut, in denen die Schiffe Wolle abluden, um blaues Tuch an Bord zu nehmen. In der Mitte des langen Gebäudes, das nach seiner völligen Zerstörung während des Ersten Weltkriegs wiederaufgebaut wurde, befindet sich, umgeben von 4 Türmchen, der 80 m hohe Belfort.

La construction de la cathédrale de **Tournai**, sommet de l'architecture romane dans la vallée de l'Escaut, commença en 1171. Un puissant faisceau de cinq tours couronne la croisée du transept. L'abside, ses chapelles rayonnantes et le chœur gothique du XIIIᵉ siècle semblent amarrés au transept et sont fortement inspirés de l'architecture religieuse de l'Île-de-France.

Avant l'industrialisation du Hainaut, les voyageurs qui le parcouraient notaient la variété des paysages agrestes et l'abondance des richesses naturelles. Au XVᵉ siècle, le comté passa comme les autres provinces des Pays-Bas sous l'autorité des ducs de Bourgogne et **Mons**, la capitale, connut alors une grande prospérité attestée par de nombreux monuments. En 1691, Louis XIV vint en personne assiéger la ville que ses armées détruisirent partiellement. La reconstruction au cours des XVIIᵉ et XVIIIᵉ siècles contribua au visage actuel de la cité. A l'hôtel de ville dont la façade rappelle l'ornementation du gothique flamboyant (1458) se sont ajoutées des maisons et demeures depuis peu restaurées qui donnent à la grand-place sa dignité bourgeoise retrouvée.

La seigneurie de **Chimay** était l'une des douze pairies du Hainaut. La grosse tour du château date de 1532, tandis que le corps de logis fut construit en 1607. Après l'incendie qui le ravagea en 1935, il a été dépouillé d'accroissements incongrus et restauré dans le style Henri IV que lui avait donné Charles de Croy.

A **Montignies-sur-Sambre**, un pont de 25 mètres de long développe treize arcades en plein cintre et forme barrage. Parce qu'il est situé sur l'antique route de Bavay à Trèves, on le fait volontiers remonter à l'époque romaine.

In 1171 werd begonnen met de bouw van de kathedraal van **Doornik**, het hoogtepunt van de romaanse architectuur in de Scheldevallei. Een indrukwekkende bundel van vijf torens bekroont de kruising in het transept. De apsis, de schitterende kapellen en het gotische koor uit de 13de eeuw lijken vastgemaakt aan het transept en ondergingen een sterke invloed van de religieuze architectuur van het Île-de-France.

Vóór de industrialisatie van Henegouwen, konden rondtrekkende reizigers er genieten van de verscheidenheid aan rustieke landschappen en de overvloed aan natuurlijke rijkdommen. In de 15de eeuw kwam ook dit graafschap, zoals alle andere provincies van de Nederlanden, onder de heerschappij van de hertogen van Bourgondië. In die periode kende **Bergen**, de hoofdstad, een grote welvaart, waarvan talrijke monumenten ook nu nog getuigen. De stad werd in 1691 door Lodewijk XIV persoonlijk belegerd en zijn troepen vernielden haar gedeeltelijk. De heropbouw in de 17de en 18de eeuw heeft bijgedragen tot het huidige uitzicht van de stad. De gevels van het stadhuis herinneren aan de uitbundige gotische versieringen (1458). Ernaast werden huizen en herenhuizen gebouwd, die sinds kort ook werden gerestaureerd en zo de burgerlijke trots van de grote markt opnieuw in ere herstellen.

De heerlijkheid van **Chimay** was een van de twaalf pairschappen van Henegouwen. De grote toren van het kasteel dateert uit 1532; het hoofdgebouw zelf werd in 1607 opgetrokken. Nadat het in 1935 uitbrandde, werd het ontdaan van alle ongepaste uitbreidingen en gerestaureerd in de Henri IV stijl die Charles de Croy er oorspronkelijk had voor bedacht.

In **Montignies-sur-Sambre** ligt een brug van 25 meter lang met 13 rondbogen, die een scheiding in het landschap vormt. Aangezien de brug gelegen is op de oude heirbaan van Beieren naar Trier, zoekt men de oorsprong graag in de Romeinse tijd.

The construction of **Tournai** cathedral, the culmination of Romanesque architecture in the Scheldt valley, began in 1171. Five massive towers are clustered over the transept crossing. The apse, radiating chapels and the 13th century Gothic choir, largely inspired by the church architecture of the Île-de-France, appear to be grafted on to the transept.

Travellers passing through Hainaut before it was industrialized often remarked on the variety of landscape and the abundant natural resources. In the 15th century Hainaut, like the other provinces of the Low Countries, came under the rule of the Duke of Burgundy and its capital, **Mons**, became very prosperous as can be seen in its many monuments. In 1691, Louis XIV came in person to lay siege to the city, part of which was destroyed by his troops. Reconstruction in the 17th and 18th centuries contributed to the present aspect of the city. The City Hall with its Flamboyant Gothic ornamentation (1458) and the recently restored buildings and houses on the Grand'Place give the square a new-found dignity.

The Seigniory of **Chimay** was one of the twelve peerages of Hainaut. The large tower of the château dates from 1532 and the main building from 1607. In 1935, after a devastating fire, incongruous elements were removed and it was restored in the original Henri IV style chosen by its builder, Charles de Croy.

The thirteen roman arches of the 25 meter-long bridge at **Montignies-sur-Sambre** form a weir. Because the bridge is situated on the old route from Bavay to Trier it is often said it dates from Roman times.

Mit dem Bau der Kathedrale von **Tournai**, die zu den schönsten romanischen Baudenkmälern im Scheldetal zählt, wurde im Jahre 1171 begonnen. Über der Vierung ragt eine imposante Gruppe von fünf Türmen empor. Die Apsis, der Kapellenkranz und der gotische Chor aus dem 13. Jh. scheinen mit dem Querschiff vertäut zu sein und wurden stark von der Sakralarchitektur der Ile de France inspiriert.

Bevor der Hennegau industrialisiert wurde, begeisterte er Reisende durch seine vielseitigen Landschaften und seine üppige Vegetation. Im 15. Jh. stand die Grafschaft, wie die übrigen Provinzen der Niederlande auch, unter der Herrschaft der Herzöge von Burgund. Zahlreiche Baudenkmäler zeugen von der Blütezeit, die die Hauptstadt **Bergen** damals erlebte. Im Jahre 1691 beteiligte sich Ludwig XIV. persönlich an der Belagerung der Stadt, die seine Truppen teilweise zerstörten. Der Wiederaufbau im 17. und 18. Jh. prägte das heutige Stadtbild. Zum Rathaus, dessen Fassade an die Verzierungen des Flamboyant-Stils (1458) erinnert, kamen die erst kürzlich restaurierten Wohnhäuser hinzu, die dem Platz seine bürgerliche Würde von einst zurückgeben.

Das herrschaftliche Gebiet **Chimay** war eine der zwölf Pairswürden des Hennegaus. Der stattliche Schloßturm stammt aus dem Jahre 1532, während der Haupttrakt 1607 erbaut wurde. Nach dem Brand, der das Schloß im Jahre 1935 völlig zerstörte, wurde es nicht vergrößert, sondern im Stil Heinrich IV restauriert, den es durch Charles de Croy erhalten hatte.

Die 25 Meter lange Brücke in **Montignies-sur-Sambre** weist 13 Rundbögen mit Verstrebungen auf. Aufgrund ihres Standorts an der ehemaligen Straße von Bavay nach Trier wird gerne behauptet, daß sie auf die Zeit der Römer zurückgeht.

Oost-Vlaanderen

Het **kasteel van Laarne**, dat zijn feodaal karakter heeft bewaard, was in de Vlaamse vlakte een vestiging die instond voor de vooruitgeschoven verdediging van Gent. De oudste delen van het kasteel (14de eeuw) bevatten structuren die teruggaan tot de tijd van de kruistochten. Sommigen durven zelfs te stellen dat de stenen kegels bovenop de robuuste torens getuigen van Moorse invloeden.

Keizer Karel had een zwak voor **Oudenaarde**, waar hij nog het hof had gemaakt aan de mooie dochter van een plaatselijk tapijthandelaar. Uit deze verhouding werd Margaretha van Parma geboren, landvoogdes van de Spaanse Nederlanden (1526-1537), Ook bovenop het stadhuis (1526-1537), opgetrokken in een zuivere en flamboyante gotische stijl, schittert de keizerlijke kroon. Dit stadhuis was tevens bron van inspiratie voor de heropbouw van het Broodhuis te Brussel.

In **Gent** kan je rustig kuieren op het Sint-Baafsplein, voor de kathedraal. 's Avonds bruist de Koninklijke Nederlandse Schouwburg van een intens cultureel leven. Het theater werd in 1869 opgetrokken en de trommelboog is versierd met een grote mozaïek getekend door de Gentse schilder Constant Montald.

Gekerstend in de 7de eeuw door Sint-Amandus, werd het **Gentse** grondgebied een van de verblijfplaatsen van de graven van Vlaanderen die er hun versterkt kasteel lieten bouwen (10de-11de eeuw) aan de samenvloeiing van Schelde en Leie. Door de lakenindustrie werd de stad plots uitzonderlijk belangrijk, wat ook de trots en de onstuimigheid van haar inwoners verklaart. Vanaf de Sint-Michielsbrug heeft men uitzicht op een van de meest indrukwekkende stadsgezichten in Europa. De machtige belforttoren (1313-1321), symbool van de gemeentelijke vrijheden, staat in contact met die van de Sint-Baafskathedraal *(op de achtergrond)* en die van de Sint-Niklaaskerk. De Sint-Niklaaskerk is de oudste van Gent en werd opgericht vlakbij de oorspronkelijke haven, dankzij de giften van de gilden wiens huizen te vinden zijn aan de Graslei.

Flandre Orientale

Forteresse assurant dans la plaine flamande la défense avancée de Gand, le **château de Laarne** a conservé son caractère féodal. Ses parties les plus anciennes (XIVᵉ siècle) reprennent des structures qui remontent au temps des Croisades. Et certains attribuent audacieusement une réminiscence mauresque les cônes de pierre qui coiffent ses robustes tours.

Charles Quint avait un faible pour **Audenarde** où il avait fait la cour à la jolie fille d'un tapissier local. De ses amours naquit Marguerite de Parme, gouvernante générale des Pays-Bas espagnols. Aussi bien, une couronne impériale brille au sommet de l'hôtel de ville (1526-1537) du plus pur style gothique flamboyant. On s'en inspira lors de la reconstruction de la Maison du Roi à Bruxelles.

A **Gand**, il fait bon flâner place Saint-Bavon, devant la cathédrale. Le soir, une vie culturelle intense anime le théâtre *Koninklijke Nederlandse Schouwburg* édifié en 1869 et dont le tympan est décoré d'une grande mosaïque dessinée par le peintre gantois Constant Montald.

Evangélisé au VIIᵉ siècle par saint Amand, le territoire de **Gand** devint une des résidences des comtes de Flandre qui y édifièrent leur château fort (Xᵉ-XIᵉ siècles), au confluent de l'Escaut et de la Lys. L'industrie drapière donna promptement à la ville une importance exceptionnelle qui expliquait la fierté et la turbulence de ses habitants. Depuis le pont Saint-Michel, on a vue sur l'un des plus prestigieux ensemble urbain d'Europe. La puissante tour du beffroi (1313-1321), symbole des libertés communales, dialogue avec celles de la cathédrale Saint-Bavon *(en retrait)* et de l'église Saint-Nicolas. Celle-ci, la plus ancienne de Gand, fut édifiée à proximité du port primitif grâce aux dons des corporations dont les maisons bordent le *Graslei* (quai aux Herbes).

Eastern Flanders

The **fortress of Laarne** on the Flemish plain ensured the outer defences of Ghent and has retained its feudal character. The oldest parts, dating from the 14th century, incorporate structures dating back to the Crusades. Some people claim that the conical stone capping of the sturdy towers is evidence of Moorish influences.

Charles the Fifth was fond of **Oudenaarde** where he had courted the pretty daughter of a tapestry maker. Margaret of Parma, Governor-General of the Spanish Low Countries was the fruit of this love affair, and thus an Imperial crown shines on the top of the Town Hall (1526-1537) built in the purest Flamboyant Gothic style. It served as an inspiration when the King's House on the Brussels Grand'Place was rebuilt.

A pleasant way to pass the time in **Ghent** is to stroll on Saint Baaf's square in front of the cathedral. A lively cultural life is centered on the *Koninklijke Nederlandse Schouwburg* (theater) built in 1869. Tne tympanum is decorated with a large mosaic designed by the Ghent painter Constant Montald.

The region of **Ghent**, evangelized by Saint Amand in the 7th century, became one of the seats of the Counts of Flanders who built their fortress at the confluent of the Scheldt and Leie in the 10th to 11th centuries. The city quickly became very important because of the cloth industry which may explain the pride and unruliness of its citizens. From Saint Michael's bridge one looks on one of the most prestigious urban ensembles in Europe. The imposing belfry (1313-1321), symbol of municipal rights, interacts with those of Saint Baaf's Cathedral in the background and of Saint Nicholas' church. This church is the oldest in Ghent and was built near the old port by donations from the guilds whose houses line the Graslei.

Ost-Flandern

Das **Schloß von Laarne**, das als Festung in der flämischen Ebene die Vorverteidigung von Gent gewährleistete, konnte seinen feudalen Charakter bis heute bewahren. Seine ältesten Teile (14. Jh.) weisen Strukturen auf, die in das Zeitalter der Kreuzzüge zurückreichen. Verschiedentlich werden die Steinkegel, die die robusten Türme verkleiden, sogar maurischen Ursprüngen zugeschrieben.

Karl der Fünfte hatte eine Schwäche für **Oudenaarde**, wo er der hübschen Tochter eines ortsansässigen Teppichwebers den Hof machte. Dieser Liebe entsprang Margarete von Parma, die später im Namen ihres Halbbruders Phillip II. Statthalterin der spanischen Niederlande wurde. Aus dieser Zeit stammt auch die kaiserliche Krone am First des im reinsten Flamboyantstil erbauten Rathauses (1526-1537).

Der St.-Bavo-Platz vor der Kathedrale von **Gent** lädt zum Flanieren ein. Abends wird im Theater *Koninklijke Nederlandse Schouwburg*, das 1869 erbaut wurde und dessen Giebel ein großes von dem Genter Maler Constant Montald gestaltetes Mosaik ziert, ein vielseitiges kulturelles Programm geboten.

Nach der Evangelisierung im 7. Jh. durch den heiligen Amandus wurde das Stadtgebiet von **Gent** zu einer der Residenzen der Grafen von Flandern, die hier, am Zusammenfluß von Leie und Schelde, ihre Burg errichteten (10.-11. Jh.). Dank der Tuchindustrie erlangte die Stadt in kurzer Zeit große Bedeutung, womit sich der Stolz und die Lebhaftigkeit ihrer Bürger erklären lassen. Von der Michaelsbrücke aus bietet sich dem Betrachter eine der schönsten Stadtansichten Europas. Der imposante Turm des Belfried (1313-1321), Symbol für die städtischen Freiheiten, steht in unmittelbarer Nähe der Kathedrale St. Bavo *(etwas zurückgesetzt)* und der Nikolauskirche, der ältesten Kirche von Gent. Sie wurde in der Nähe des ursprünglichen Hafens aus Spenden der Zünfte errichtet, deren Häuser die Graslei säumen.

Vlaams-Brabant

Op de grondvesten van het fort van **Gaasbeek** (rond 1236) liet graaf Martin de Hornes in de 16de eeuw zo'n luxeueze woning optrekken dat hij erdoor geruïneerd raakte en het moest verkopen in 1565. Tussen 1887 en 1893 liet markiezin Arconati het deels herbouwen en inrichten in romantische stijl vooraleer het kasteel — thans museum van Middeleeuwse kunst en renaissance — te schenken aan de Belgische Staat.

In 1317, tijdens de Brabantse successieoorlog, staken de troepen van Graaf van Vlaanderen, Lodewijk van Male, het **slot van Beersel** in brand. Maar zodra de vrede opnieuw hersteld was, werd het kasteel heropgebouwd, nog ontzagwekkender dan voorheen, beschermd door brede slotgrachten. Na een eeuw van verwaarlozing werd het slot in 1935 uiteindelijk perfect gerestaureerd.

Gelegen tegenover de Sint-Pieters collegiale (1426), lijkt het stadhuis van **Leuven** wel op een reusachtige gotische reliekschrijn. De bouw van het stadhuis werd begonnen in 1447 en 13 jaar later beëindigd onder de heerschappij van Karel de Stoute. De kunstig bewerkte gevels bevatten 230 nissen, en de puntgevels zijn bekroond met uitgehouwen torentjes.

In december 1903 keurde Leopold II de definitieve plannen goed van het **museum van Tervuren**. De collecties die hierin zouden worden ondergebracht moesten, volgens hem, het epos verhalen van de stichting van de onafhankelijke Staat Kongo. De werken schoten goed op; ze waren beëindigd in 1909, het jaar waarin de vorst overleed. Ondertussen was Kongo ook een Belgische kolonie geworden.
Het gebouw kijkt uit over de terrassen en bloemperken van een park van meer dan 200 hectare, en doet denken aan het beroemde Petit Palais in Parijs. Naar wens van Leopold II kan men in het Kongomuseum — nu Koninklijk Museum voor Midden Afrika genaamd — alle facetten van de mensen, de natuur en de economie van dit veelzijdige continent ontdekken en bestuderen.

Brabant Flamand

Sur les soubassements de la forteresse de **Gaasbeek** (vers 1236), le comte Martin de Hornes fit édifier au XVIᵉ siècle une demeure tellement somptueuse qu'il se ruina et dut la vendre en 1565. Entre 1887 et 1893, la marquise Arconati la reconstruisit en partie et l'aménagea dans la manière romantique avant de léguer le château — aujourd'hui musée d'art médiéval et Renaissance — à l'Etat belge.

En 1317, au cours de la guerre de succession du Brabant, les troupes du comte de Flandre Louis de Male incendièrent le **château de Beersel**. Mais aussitôt la paix rétablie, la forteresse fut reconstruite plus redoutable qu'auparavant, sous la protection de larges douves. Sa parfaite restauration, après un siècle d'abandon, date de 1935.

Face à la collégiale Saint-Pierre (1426), l'hôtel de ville de **Louvain** ressemble à une châsse gothique géante. Il a été commencé en 1447 et terminé treize ans plus tard, sous le règne de Charles le Téméraire. Ses façades ouvragées comportent 230 niches, tandis que ses pignons sont couronnés de tourelles évidées.

En décembre 1903, Léopold II approuva les plans définitifs du **musée de Tervueren** dont les collections devaient, dans son esprit, évoquer l'épopée de la fondation de l'Etat indépendant du Congo. Les travaux avancèrent rapidement; ils étaient terminés en 1909, l'année de la mort du roi. Entre-temps, le Congo était devenu colonie de la Belgique.
Dominant les terrasses et les parterres d'un parc de plus de 200 hectares, l'édifice rappelle quelque peu le célèbre Petit-Palais de Paris. Comme le souhaitait Léopold II, le musée du Congo — désormais appelé Musée Royal de l'Afrique centrale — permet de découvrir et d'étudier tous les aspects de l'homme, de la nature et de l'économie au cœur d'un continent aux visages multiples.

Flemish Brabant

In the 16th century Count Martin de Hornes built such a palatial residence on the foundations of the fortress of **Gaasbeek** (circa 1236) that he was ruined and forced to sell it in 1565. Part of it was rebuilt in the Romantic style between 1887 and 1893 by Marchioness Arconati. She willed the château, now a museum of mediæval and Renaissance art, to the Belgian State.

In 1317, during the War of the Brabant Succession, the troops of Louis of Male, Count of Flanders, burned down the **castle of Beersel**. As soon as peace was reestablished an even stronger fortress was erected, protected by a wide moat. The castle was abandoned for a century and was perfectly restored in 1935.

The City Hall of **Leuven**, facing the collegiate church of Saint Peter (1426), looks like a gigantic Gothic reliquary. It was begun in 1447 and finished 13 years later during the reign of Charles the Rash. There are 230 niches in the ornate façade and the gables are crowned by pierced turrets.

In December 1903 Leopold II gave his consent to the final plans for the **Tervuren Museum** whose function would be to recount the epic of the founding of the Independent Congo state. Work advanced rapidly and was finished in 1909, the year the King died. In the meantime the Congo had become a Belgian colony.
The building, dominating the terraces and flower beds of a park of more than 200 hectares, rather resembles the famous Petit-Palais in Paris. The Congo Museum, now the Royal Museum of Central Africa, has respected Leopold's wishes, making it possible to view and study all aspects of the people, environment and economy of the heart of a continent of great variety.

Flämisch-Brabant

Graf Martin de Hornes ließ im 16. Jh. auf den Grundmauern der Festung von **Gaasbeek** (um 1236) einen derart prächtigen Wohnsitz errichten, daß er verarmte und ihn im Jahre 1565 verkaufen mußte. Zwischen 1887 und 1893 ließ die Marquise Arconati ihn teilweise wiederaufbauen und im romantischen Stil einrichten, bevor sie das Schloß, das heute das Museum für Kunst des Mittelalters und der Renaissance beherbergt, dem belgischen Staat vermachte.

Das **Schloß von Beersel** wurde 1317 während des Brabanter Erbfolgekriegs von den Truppen des Grafen von Flandern, Ludwig von Male, niedergebrannt. Nachdem der Frieden wiederhergestellt war, wurde die Festung noch imposanter als zuvor wiederaufgebaut und durch breite Gräben geschützt. Nach einem Jahrhundert der Vernachlässigung wurde es 1935 vollständig restauriert.

Das gegenüber der Peterskirche (1426) gelegene Rathaus von **Löwen** gleicht einem riesigen gotischen Reliquienschrein. Der Bau wurde im Jahre 1447 begonnen und dreizehn Jahre später unter der Herrschaft Karls des Kühnen fertiggestellt. Seine kunstvoll gearbeiteten Fassaden weisen 230 Nischen auf. Die Giebel sind mit Türmchen verziert.

Im Dezember 1903 genehmigte Leopold II. die endgültigen Pläne für das **Museum von Tervuren**, dessen Sammlungen nach seiner Vorstellung den Epos von der Gründung des unabhängigen Staates Kongo darstellen sollten. Die Arbeiten kamen zügig voran und wurden 1909, im Todesjahr des Königs, abgeschlossen. Inzwischen war der Kongo belgische Kolonie geworden.
Das Gebäude erinnert mit seinen Terrassen und Blumenbeeten in dem mehr als 200 ha großen Park ein wenig an den berühmten Petit Palais in Paris. Ganz nach den Wünschen Leopolds II. vermittelt das Kongo-Museum, das heute Königliches Museum für Zentralafrika heißt, einen Überblick über die Menschen, die Natur und die Wirtschaft im Herzen dieses facettenreichen Kontinents.

Brabant Wallon

En 1586, lorsque Charles de Gavre décida d'édifier un nouveau château à **Rixensart**, il voulut maintenir la disposition médiévale de quatre corps de bâtiment autour d'une cour centrale avec des tourelles polygonales aux angles extérieurs. La construction se prolongea au cours du XVIIᵉ siècle; le tracé du jardin et du parc a souvent été attribué à Le Nôtre.

Evadé de l'île d'Elbe où les vainqueurs de la coalition européenne l'avaient exilé, Napoléon avait débarqué en France et, pendant Cent jours, semblait reconquérir le pouvoir. Encore lui fallait-il attaquer et battre les armées que les puissances alliées avaient hâtivement concentrées en Belgique. Le 18 juin 1815, sur le plateau de Mont-Saint-Jean, proche du village de **Waterloo**, les armées commandées par le duc de Wellington écrasèrent les troupes de l'empereur des français. Une butte a été élevée à l'endroit où fut blessé le prince d'Orange qui avait les soldats belges et hollandais sous ses ordres. A son sommet le lion de fonte regarde symboliquement la France. L'escalade des 226 marches permet la vue sur le vaste panorama du champ de bataille.

A flanc d'un côteau du Brabant wallon, l'église Saint-Martin de **Tourinnes-la-Grosse** adjoint à une nef largement antérieure à l'an mille, un choeur du XIIIᵉ siècle et une massive tour carrée aux allures de donjon. Chaque année s'y déroule un jeu de la Passion auquel participent tous les habitants du village.

Notre Dame du Bon Secours, dont le culte était très populaire en Belgique, est vénérée dans la chapelle rurale de **Zétrud-Lumay**, au cœur de la Hesbaye brabançonne. Sans doute est-ce l'affluence des pèlerins qui incita à ajouter au choeur circulaire (XVIIᵉ siècle) une nef à pans coupés avec des pilastres de briques.

Waals-Brabant

Toen Charles de Gavre in 1586 besloot om in **Rixensart** een nieuw kasteel op te trekken, wou hij hierbij de Middeleeuwse opstelling behouden: vier hoofdgebouwen rondom een centrale binnenplaats met polygonale torentjes op de buitenste hoeken. Het bouwen duurde tot in de 17de eeuw; het ontwerp van de tuin en het park werden vaak toegeschreven aan Le Nôtre.

Ontsnapt vanop het eiland Elba, waar hij naartoe was verbannen door de overwinnaars van de Europese coalitie, had Napoleon voet aan land gezet in Frankrijk waar hij honderd dagen lang opnieuw aan de macht leek te komen. Hij moest echter nog de legers aanvallen en verslaan die de geallieerden haastig hadden samengebracht in België. Op 18 juni 1815, op het plateau van Mont-Saint-Jean, vlakbij het dorpje **Waterloo**, versloeg het leger, onder leiding van de graaf van Wellington, de troepen van de keizer van Frankrijk. Er werd een heuvel opgetrokken op de plaats waar de prins van Oranje, die de Belgische en Hollandse soldaten onder zijn bevel had, gewond raakte. Op de top van die heuvel prijkt de gietijzeren leeuw die symbolisch richting Frankrijk kijkt. Wanneer men de 226 treden beklimt, heeft men een zicht op het wijdse slagveld.

Tegen een heuvelflank in Waals-Brabant, ligt de Sint-Maarten kerk van **Tourinnes-la-Grosse**, met een beuk die dateert van ver voor het jaar duizend, een koor uit de 13de eeuw en een massieve vierkante toren die lijkt op een donjon. Elk jaar vindt er het Passiespel plaats, waaraan alle inwoners van het dorp deelnemen.

Onze-Lieve-Vrouw van Altijd Durende Bijstand, die in België veel aanbeden werd, wordt vereerd in de landelijke kapel van **Zétrud-Lumay**, in het hart van Brabants Haspengouw. Het is waarschijnlijk onder invloed van de pelgrims dat aan het ronde koor (17de eeuw) een beuk met afgestompte hoeken en bakstenen pilasters werd toegevoegd.

Walloon Brabant

When Charles de Gavre decided to build a new château at **Rixensart** in 1586 he wanted to maintain the mediæval layout of four buildings around a central courtyard, with polygonal turrets on the outer corners. Construction continued into the 17th century. The landscaping of the gardens and park are often attributed to Le Nôtre.

Napoleon landed in France after his escape from Elba where he was exiled by the European coalition and, during the Hundred Days, seemed to have regained power. However, he had to attack and defeat the armies that the Allied Powers had hastily concentrated in Belgium. On June 10, 1815 the armies commanded by the Duke of Wellington crushed the French Emperor's troops on the plateau of Mont-Saint-Jean, near the village of **Waterloo**. A mound was raised on the spot where the Prince of Orange, commander of the Dutch and Belgian contingents, was wounded. On its summit a cast-iron lion gazes symbolically towards France. From the top of the 226 steps of the mound the view provides a vast panorama of the battlefield.

Saint Martin's church on the flank of a small hill at **Tourinnes-la-Grosse** combines a nave built before the year 1000 with a 13th century choir and a massive square tower resembling a keep. A Passion Play in which all the villagers participate takes place annually.

The cult of Our Lady of Good Help was very popular in Belgium and she is venerated at the rural chapel at **Zétrud-Lumay** in the heart of Brabant Hesbaye. The canted nave with brick pilasters added to the circular 17th century choir most likely became necessary to accomodate the flocks of pilgrims.

Wallonisch-Brabant

Als Charles de Gavre 1586 beschloß, in **Rixensart** ein neues Schloß zu bauen, wollte er die mittelalterliche Anordnung der vier Gebäudeteile um einen zentralen Hof mit vieleckigen Türmchen an den Außenwinkeln beibehalten. Der Bau zog sich über das gesamte 17. Jh. hin. Die Gestaltung des Gartens und des Parks wird häufig Le Nôtre zugeschrieben.

Nachdem Napoleon von der Insel Elba, wohin ihn die Sieger des europäischen Bündnisses ins Exil geschickt hatten, geflohen war, ging er in Frankreich an Land, und 100 Tage lang schien es so, als würde er wieder an die Macht kommen. Er mußte jedoch die von den alliierten Mächten in aller Eile in Belgien zusammengezogenen Armeen schlagen. Am 18.6.1815 schlugen die Armeen unter dem Herzog von Wellington auf der Hochebene des Mont-St.-Jean bei **Waterloo** die Truppen Napoleons vernichtend. Heute befindet sich an der Stelle, an der der Fürst von Orange, unter dessen Befehl die holländischen und belgischen Soldaten standen, verletzt wurde, ein Hügel, auf dem ein gußeiserner Löwe symbolisch seinen Blick nach Frankreich richtet. Das Erklimmen der 226 Stufen wird mit einem Panoramablick über das Schlachtfeld belohnt.

Die auf einer Anhöhe im wallonischen Brabant gelegene St.-Martins-Kirche von **Tourinnes-la-Grosse** besteht aus einem weit vor dem Jahre 1000 erbauten Schiff, einem Chor aus dem 13. Jh. und einem massiven, viereckigen, bergfriedähnlichen Turm. Alljährlich finden hier Passionsspiele statt, an denen sich alle Einwohner des Dorfes beteiligen.

Notre Dame du Bon Secours, deren Andenken in Belgien heilig gehalten wurde, wird in der Dorfkapelle von **Zétrud-Lumay**, im Herzen des Brabanter Haspengaus, verehrt. Vermutlich ist es den Pilgerströmen zu verdanken, daß dem Rundchor (17. Jh.) ein Schiff mit abgestumpften Winkeln und Wandpfeilern aus Ziegelsteinen hinzugefügt wurde.

Edifié à Bruxelles en 1783 pour abriter le Conseil de Brabant, le **Palais de la Nation** fut partiellement reconstruit après l'incendie qui le ravagea. Le bas-relief ornant le tympan du fronton a été sculpté par Gilles-Lambert Godecharle. Il abrite deux assemblées parlementaires fédérales: la Chambre des Représentants et le Sénat.

Le 13 août 1695, trois mille bombes et douze cents boulets incandescents tombèrent sur Bruxelles lors du bombardement par l'artillerie française du maréchal de Villeroy. **Grand-Place** de Bruxelles, les maisons des métiers ne maintenaient que des pans de murs dans un équilibre instable quand elles n'étaient pas réduites à des monceaux de ruines. Deux ans plus tard, la reconstruction fut entreprise selon les normes précises imposées par le Magistrat. Il en résulte la dominante gothique des maisons hautes mais sur les façades d'une exceptionnelle unité architecturale s'étale la magnificence des décors antiques, italiens et français.

Léopold II estimait le **palais royal**, remanié par Guillaume Ier de Hollande, indigne du prestige de la capitale et de la monarchie. Il voulut la transformation des façades de manière à assurer une ordonnance majestueuse en reliant les avant-corps par deux ailes et en dotant la partie centrale d'une double colonnade et d'un fronton sculpté.

Entre les deux colonnades en hémicycle qui relient les ailes des musées du **Cinquantenaire** (aujourd'hui les musées d'Art et d'Histoire, celui de l'Armée et Autoworld), Léopold II décida l'édification à Bruxelles d'un monument triomphal qui commémorerait l'indépendance belge de 1831. Il finança personnellement la réalisation des trois arcades que surmonte un important quadrige.

Oorspronkelijk opgericht in Brussel in 1783 om de Raad van Brabant te huisvesten, werd het **Paleis der Natiën** deels terug opgebouwd na de brand die het verwoestte. Het bas-reliëf op de boogtrommel van het fronton werd gebeeldhouwd door Gilles-Lambert Godecharle. Het gebouw biedt nu onderdak aan de twee federale parlementsvergaderingen: de Kamer van Volksvertegenwoordigers en de Senaat.

Op 13 augustus 1695 vielen drieduizend bommen en twaalfhonderd gloeiende kanonskogels op Brussel, tijdens het bombardement van de Franse artillerie van maarschalk de Villeroy. Op de **Grote Markt** van Brussel bleven van de gildenhuizen slechts enkele muren overeind in een wankel evenwicht; andere waren herleid tot een hoop ruïnes. Twee jaar later werd aan de heropbouw begonnen, volgens de exacte normen opgelegd door de magistraat. Dit resulteerde in een overwegend gotisch karakter van de hoge huizen. Maar van de gevels van deze uitzonderlijke architecturale eenheid straalt de luister van klassieke, Italiaanse en Franse versieringen.

Leopold II achtte het **koninklijk paleis**, aangepast door Willem I van Holland, een hoofdstad en een monarchie onwaardig. Hij wilde dan ook de gevels zodanig veranderen dat ze een majestueuze uitstraling kregen. Hij deed dit door de voorgebouwen met elkaar te verbinden met twee vleugels en het centrale deel te bekronen met een dubbele zuilenrij en een gebeeldhouwd fronton.

Leopold II besloot om tussen de twee halfronde zuilenrijen die de vleugels van de musea van het **Jubelpark** (vandaag het museum van Kunst en Geschiedenis, het museum van Leger- en Krijgsgeschiedenis en Autoworld) met elkaar verbinden, een triomfmonument in Brussel op te richten dat de Belgische onafhankelijkheid van 1831 herdacht. Hij financierde persoonlijk de realisatie van de drie arcades, waarop een imposant vierspan rust.

The **Palace of the Nation** was built in Brussels in 1783 to house the Council of Brabant and was partially rebuilt after it was damaged by fire. The tympanum of the pediment was sculpted by Gilles-Lambert Godecharle. The Palace is now the seat of the two federal assemblies, the House of Representatives and the Senate.

On August 13, 1695, French artillery under Marshal Villeroy bombarded Brussels and 3000 bombshells and 1200 red-hot cannonballs fell on the city. The guild houses on the **Grand'Place** of Brussels were reduced to pieces of teetering walls or heaps of rubble. Two years later reconstruction began, following precise standards laid down by the authorities. The result is the dominant Gothic style of the lofty houses, tempered by the remarkable unity of the architectural details on the façades, including elements of French, Italian and antique decor.

Leopold II felt that the **Royal Palace**, remodelled by William I of Holland, was too modest for his capital and the monarchy. He had the façades redone to provide a majestic sweep by linking the main building with two wings and putting a double colonnade and a sculpted pediment on the central section.

Leopold II decided to build a triumphal monument in Brussels to commemorate the achievement of Belgian independence in 1831. He personally paid for the triple arch, crowned by an imposing quadriga standing between the two semicircular colonnades linking the wings of the **Cinquantenaire** which now house the Museums of Art and History, War and Autoworld.

Der im Jahre 1783 in Brüssel als Sitz des Rates von Brabant erbaute **Palais de la Nation** wurde nach seiner völligen Zerstörung durch einen Brand teilweise wiederaufgebaut. Das Flachrelief des Giebelfeldes des Frontgiebels stammt von Gilles-Lambert Godecharle. Heute ist das Gebäude Tagungsort der beiden föderalen parlamentarischen Gremien: des Repräsentantenhauses und des Senats.

Am 13. August 1695 gingen bei einem Angriff durch die französische Artillerie unter Marschall de Villeroy 3000 Bomben und 1200 glühende Kanonenkugeln auf Brüssel nieder. Die Häuser an der **Grand-Place** von Brüssel waren, bis auf einige wenige Mauerreste, die standgehalten hatten, in Schutt und Asche gelegt. Zwei Jahre später begann man unter Einhaltung der präzisen Vorgaben von seiten des Magistrats mit dem Wiederaufbau. Dies erklärt den dominierenden gotischen Stil der hohen Häuser, deren Fassaden mit den prächtigen antiken, italienischen und französischen Verzierungen eine außergewöhnliche achitektonische Einheit bilden.

Leopold II. hielt den von Wilhelm I. von Holland umgebauten **Königspalast** dem Ansehen der Hauptstadt und der Monarchie für unwürdig. Er wollte ihm durch die Umgestaltung der Fassaden eine majestätische Architektonik verleihen, indem er die Vorbauten durch zwei Flügel miteinander verbinden und den Hauptteil mit einer doppelten Säulenreihe und einem verzierten Frontgiebel versehen ließ.

Zum Gedenken an die Unabhängigkeit Belgiens im Jahre 1831 ließ Leopold II zwischen den beiden halbkreisförmigen Säulenreihen, die die Flügel der Museen des **Cinquantenaire** (heute das Kunst- und Geschichtsmuseum, das Militärmuseum und Autoworld) miteinander verbinden, ein triumphales Monument in Brüssel errichten. Er finanzierte den Bau der drei von einem imposanten Viergespann überragten Arkaden aus eigener Tasche.

Antwerpen

Als men de 16de-eeuwse gravures van de Antwerpse rede vergelijkt met het beeld dat men vandaag krijgt vanaf de linkeroever van de Schelde, zijn de verschillen natuurlijk frappant. De schepen hebben niet langer zeilen, de metalen kranen staan nu naast de havenloodsen en verbergen deels het Steen. Maar de hoge toren (1511-1520) van de O.-L.-V.-Kerk domineert ook nu nog de stad met haar trotse schoonheid. Baksteen en natuursteen sieren als weleer de iets oudere Vleeshalle. De huidige haven is gegroeid ten noorden van de stad, aan beide oevers van de Schelde. De haven van Antwerpen is de eerste Europese haven voor wat betreft export en strekt zich uit over zowat 15.000 hectare. Ieder jaar meren er zo'n 18.000 schepen aan, die vlaggen voeren van meer dan 100 landen.

Vastbesloten het meest luisterrijke stadhuis van de Nederlanden te bezitten, vertrouwden de Antwerpenaren de plannen hiervoor toe aan Cornelius Floris. Deze ontwierp voor hen een soort paleis uit de Italiaanse renaissance, door de verdiepingen met elkaar te verbinden met Dorische en Ionische zuilen en onder de kroonlijst een galerij te openen. Maar in het midden behield hij een noordelijke verticaliteit.
Ook het grootste deel van de gildenhuizen aan de noordkant van de Antwerpse Grote Markt (daterend uit de 16de eeuw) verenigen de gotische en renaissancestijl. De huizen werden vernield tijdens de Spaanse opstand van 1576, maar opnieuw gerestaureerd door Vredeman de Vries.

Kort na zijn huwelijk met Isabella Brandt, liet Pieter-Paul Rubens in Antwerpen een residentie optrekken die hij bewoonde tot zijn dood in 1640. Het gebouw is een verweving van renaissance en barokke stijlen. De meest vermaarde schilder uit zijn tijd ontving er prinsen, diplomaten, wijsgeren en kunstliefhebbers. Een zuilengang ontworpen door Rubens verbindt het huis met het atelier, waarvan de gevel overvloedig versierd is.

Anvers

Si l'on compare la rade d'Anvers telle que gravée par les artistes du XVIe siècle à ce que l'on voit aujourd'hui depuis la rive gauche de l'Escaut, on est évidemment frappé par les différences. Les bâteaux n'ont plus de voiles, les grues métalliques voisinent désormais avec les hangars des quais et cachent en partie le Steen (le château). Mais la haute tour (1511-1520) de Notre-Dame domine toujours la ville de son altière beauté. Légèrement plus ancienne, la Halle à la viande dresse comme jadis son bâtiment de brique et de pierre. Le port actuel s'est développé au nord de la ville, sur les deux rives de l'Escaut. Premier port d'Europe et en ce qui concerne les exportations, étendu sur 15.000 hectares, il reçoit chaque année quelque 18.000 navires battant pavillon de plus de cent pays.

Fermement décidés à se doter du plus fastueux hôtel de ville de tous les Pays-Bas, les anversois en confièrent les plans à Corneille Floris. Celui-ci réalisa pour eux une manière de palais de la Renaissance italienne, en reliant les étages par des piliers doriques et ioniques et en ouvrant une galerie sous la corniche. Mais il affirma, au centre, une verticalité nordique.
Datant du XVIe siècle, la plupart des maisons corporatives du côté nord de la grand-place d'Anvers allient elles aussi le style gothique et celui de la Renaissance. Saccagées lors de la Furie espagnole en 1576, elles furent restaurées par Vredeman de Vries.

Peu après son mariage avec Isabelle Brandt, Pierre-Paul Rubens se fit bâtir à Anvers une résidence qu'il habita jusqu'à sa mort en 1640. L'édifice conjugue les styles Renaissance et baroque. Le peintre le plus illustre de son temps y recevait princes, diplomates, savants et amateurs d'art. Un portique dessiné par Rubens relie la maison à l'atelier dont la façade est abondamment ornée.

Antwerp

The difference is striking when one compares the view of the harbour of Antwerp as depicted in 16th century engravings with what one sees today from the left bank of the Scheldt. Boats no longer have sails and metal cranes partially hide the Steen, or castle. However, the tall, beautiful tower of the Cathedral of Our Lady, still dominates the city and the slightly older Butchers market in brick and stone has survived. Today's port lies to the north of the city spread over 15,000 hectares on both banks of the Scheldt. It is the most important export port in Europe, visited annually by 18,000 ships flying the flags of more than 100 countries.

The citizens of Antwerp were determined that their city would boast the most splendid City Hall in all the Low Countries. They awarded the commission to Cornelis Floris who built them a sort of Renaissance palace, linking the storeys with Doric and Ionic pillars and opening a gallery under the cornice. In the centre, however, he used the vertical Northern style.
Most of the guild houses on the north side of the Grand'Place of Antwerp date from the 16th century and also mix Gothic and Renaissance styles. They were sacked and damaged during the Spanish Fury in 1576 and were later restored by Vredeman de Vries.

Shortly after his marriage to Isabella Brandt, Peter Paul Rubens had a residence built in Antwerp where he lived until his death in 1640. In this building which combines Renaissance and baroque styles the most famous artist of this time entertained princes, diplomats and patrons of the arts. A portico designed by Rubens links the house to his studio with its heavily decorated façade.

Antwerpen

Die Reede von Antwerpen, wie sie von den Künstlern des 16. Jhs. dargestellt wurde, hat mit der Ansicht, die sich dem Betrachter heute vom linken Scheldeufer aus bietet, nicht mehr viel gemeinsam. Die Segel an den Schiffen sind verschwunden, dafür stehen Metallkräne unmittelbar neben den Bootshäusern an den Kais und behindern die Sicht auf den Steen (das Schloß). Das Stadtbild wird jedoch nach wie vor von der stolzen Schönheit des hohen Turms (1511-1520) der Liebfrauenkathedrale bestimmt. Noch etwas älter ist die Fleischhalle, deren Backsteinmauern wie in früherer Zeit emporragen. Der heutige Hafen liegt im Norden der Stadt und erstreckt sich zu beiden Seiten der Schelde. Mit einer Fläche von 15.000 Hektar ist er der wichtigste Exporthafen Europas. Jedes Jahr legen hier etwa 18.000 Schiffe aus über hundert Ländern an.

Fest entschlossen, in ihrer Stadt das prachtvollste Rathaus der Niederlande zu bauen, beauftragten die Antwerpener Cornelis Floris mit seiner Gestaltung. Dieser entwarf eine Art italienischen Renaissance-Palast. Die einzelnen Etagen sind durch dorische und ionische Säulen miteinander verbunden, und unter dem Geison verläuft eine Galerie. Die Säulen in der Mitte sind jedoch von nordischer Vertikalität.
Die meisten der an der Nordseite des Grote Markt von Antwerpen gelegenen Zunfthäuser aus dem 16. Jh. weisen sowohl gothische als auch Rennaissance-Elemente auf. Die 1576 während der Spanische furie verwüsteten Häuser wurden von Vredeman de Vries restauriert.

Peter Paul Rubens ließ sich kurz nach seiner Heirat mit Isabella Brandt eine Villa in Antwerpen bauen, wo er bis zu seinem Tod im Jahre 1640 wohnte. Das Gebäude vereint Elemente der Renaissance und des Barock. Der berühmteste Maler seiner Zeit empfing hier Fürsten, Diplomaten, Gelehrte und Kunstliebhaber. Eine von Rubens entworfene Säulenvorhalle verbindet das Haus mit der Werkstatt, deren Fassade reich verziert ist.

De pretentieloze Sint-Lambertusplaats van **Gestel**, gelegen in de Antwerpse Kempen, straalt het vreedzame karakter van dorpsrust uit. De stenen zuil van de schandpaal uit de 18de eeuw, overblijfsel van de vroegere rechtspraak, bevindt zich voor de pastorie, een niet langer in gebruik zijnd klooster en de gotische kerk.

Nadat **Mechelen** de verblijfplaats was geweest van Margaretha van Oostenrijk, landvoogdes van de Nederlanden onder Keizer Karel, werd het in 1559 door de bul van paus Paulus IV uitgeroepen tot zetel van een aartsbisdom. Zo klom Mechelen op tot kerkelijke hoofdstad van België, wat ze nu nog steeds is. Maar Mechelen biedt ook onderdak aan fabrikanten van meubelen, tapijten en wandtapijten die over de hele wereld faam genieten.
In de schaduw van de Sint-Romboutstoren (1452), die 47 meter hoog is en veel later werd gebouwd dan de dwarsbeuk en de hoofdbeuk van de kathedraal, ligt het grote marktplein. Rond de Markt zijn een aantal woonsten gegroepeerd uit de 16de en 19de eeuw. De gevels weerspiegelen de stijlen die er elkaar hebben opgevolgd: laatgotisch, de triomf van de barok en de opkomst van het classicisme.

Als landvoogdes van de Nederlanden liet Margaretha van Oostenrijk, de tante van Keizer Karel, een paleis bouwen in **Mechelen**, haar favoriete verblijfplaats. De architecten lieten zich bij de bouw verleiden tot de renaissancestijl, zonder daarbij afbreuk te doen aan de gotische tradities. En het werd een geslaagde combinatie. Nadat het gebouw van 1616 tot 1794 de zetel voor de Hoge Raad was, doet het nu dienst als rechtsgebouw.

In de 13de eeuw schonken drie rijke Lierse jongedames al hun bezittingen aan de oprichting van een begijnhof dat nog verder werd verrijkt door schenkingen en privileges. Een eeuw later leefden in **Lier** driehonderd begijnen onder het toezicht van de grootjuffrouw. Aan de kant van de Nete geeft een huizenrij, genaamd de Grachtkant, de oostelijke rand aan van het ommuurd terrein dat nu door particulieren wordt bewoond.

Sans prétention, la place Saint-Lambert de **Gestel**, en Campine anversoise, a le caractère apaisant d'une quiétude villageoise. La colonne de pierre d'un pilori du XVIIIᵉ siècle, vestige de la justice d'antan, se dresse devant le presbytère, un couvent désaffecté et l'église gothique.

Après avoir été la résidence de Marguerite d'Autriche, gouvernante générale des Pays-Bas sous Charles Quint, **Malines** devint en 1559 le siège d'un archevêché par une bulle du pape Paul IV. Elle accédait ainsi au rang de capitale écclésiastique de la Belgique, ce qu'elle est toujours. Mais elle abrite aussi des manufactures de meubles, de tapis et de tapisseries réputées dans le monde entier.
A l'ombre de la tour de la cathédrale Saint-Rombaut (1452), haute de 47 mètres et largement postérieure au transept et à la nef, la vaste place du Marché groupe un ensemble de demeures des XVIᵉ au XIXᵉ siècles dont les façades reflètent la succession des styles: le gothique tardif, le triomphe du baroque et l'avènement du classicisme.

Marguerite d'Autriche, tante de Charles Quint, fit édifier un palais à **Malines**, sa résidence favorite. Les architectes, sans renoncer aux traditions gothiques, se laissèrent séduire par le style Renaissance. Avec bonheur. Après avoir été le siège du Grand Conseil de Brabant (1616-1794), l'édifice est devenu palais de Justice.,

Au XIIIᵉ siècle, trois jeunes lierroises fortunées consacrèrent leurs propriétés à la fondation d'un béguinage que donations et privilèges enrichirent. Un siècle plus tard, trois cents béguines vivaient à **Lierre** sous l'autorité de la Grande Dame. Du côté de la Nèthe, une enfilade de maisons, appelée le Grachtkant, marque la limite orientale de l'enclos habité désormais par des particuliers.

The unpretentious square of Saint Lambert in **Gestel** in the Antwerp Kempen presents the tranquility of a sleepy village. The stone column of the 18th century pillory, a remnant of the justice of yesteryear, stands before the presbytery, a former monastery and the Gothic church.

Mechelen was the seat of Margaret of Austria, Governor-General of the Low Countries under Charles the Fifth. In 1559 Pope Paul IV issued a bull making the city the see of an archbishop. It thus became the ecclesiastical capital of Belgium and remains so today. Furniture, carpets and tapestries manufactured in the city are renowned worldwide.
The tower of Saint Rombaut's Cathedral (1452) rises 47 meters high and is considerably later than the nave and transept. Its shadow falls across the vast market square, bordered with houses ranging from the 16th to the 19th century which reflect successive architectural styles: late Gothic, triumphant baroque and the dawn of neo-classicism.

Margaret of Austria, aunt of Charles the Fifth, had a palace built in **Mechelen** which became her preferred residence. Her architects did not renounce the Gothic tradition but chose to combine it with Renaissance elements in a happy marriage of the two styles. The building was the seat of the Grand Council of Brabant from 1616 to 1794 and is now the Law Courts.

In the 13th century three wealthy young women of Lier pooled their property to found a béguinage that donations and grants enriched. A century later three hundred béguines lived in **Lier** under the direction of the Great Lady. The string of houses, called the Grachtkant, running along the Nèthe set the eastern limit of the enclosure. These are now private dwellings.

Der St. Lambert-Platz in **Gestel** in den Antwerpener Kempen strahlt eine geradezu dörfliche Ruhe aus. Die steinerne Säule eines Prangers aus dem 18. Jahrhundert, ein Relikt der Justiz vergangener Zeiten, erhebt sich vor dem Pfarrhaus, einem leerstehenden Kloster und der gothischen Kirche.

Nachdem **Mecheln** als Residenz von Margarete von Österreich, Statthalterin der Niederlande unter Karl V., fungiert hatte, wurde es 1559 durch eine Bulle von Papst Paul IV. zum Sitz des Erzbischofs. Bis heute ist Mecheln die geistliche Hauptstadt Belgiens geblieben. Weltweit bekannt ist die Stadt aber auch für ihre Möbel-, Teppich- und Gobelinmanufakturen.
Im Schatten des 47 Meter hohen Turms der St. Rumold-Kathedrale (1452), der erst lange Zeit nach dem Quer- und dem Hauptschiff entstanden ist, gruppieren sich einige Wohnhäuser aus dem 16. bis 19. Jh. um den Marktplatz. Ihre Fassaden spiegeln die Abfolge der verschiedenen Stile wider: Spätgothik, die Blüte des Barock sowie den Beginn des Klassizismus.

Margarete von Österreich, die Tante Karls V. und Statthalterin der Niederlande, ließ in **Mecheln** einen Palast errichten, der ihre bevorzugte Residenz werden sollte. Die Architekten ließen sich vom Renaissance-Stil verführen, ohne dabei auf die gothischen Traditionen zu verzichten. Eine gelungene Mischung. Das heutige Gerichtsgebäude diente von 1616-1794 als Sitz des Großen Rates.

Schenkungen und Privilegien führten nach und nach zum Wohlstand des Beginenhofs, den drei wohlhabende junge Frauen aus **Lier** im 13. Jahrhundert gegründet hatten. Ein Jahrhundert später lebten dort 300 Beginen unter der Leitung ihrer Oberin. Die sogenannte «Grachtkant», eine Reihe von Häusern entlang der Nete, bildet die östliche Grenze des Grundstücks, das heute von Privatleuten bewohnt wird.

Limburg

Temidden van de vruchtbare gronden en boomgaarden van Limburgs Haspengouw, herinnert de toren van de vesting van de graven van Loon aan de Middeleeuwse slottorens, maar deze toren werd nooit bestormd. Hij maakte deel uit van het **kasteel van Rullingen**, waarvan de hoofdgebouw uit de 17de eeuw ontworpen werd volgens de gracieuze architectuur van de Maaslandse renaissance.

Op de Grote markt van **Hasselt**, op de hoek met de Kapelstraat, biedt de vroegere herberg (1659) met het uithangbord «Het Sweert» sinds 1713 onderdak aan een apotheek. De kruisramen zijn intact gebleven, evenals het vakwerk in Sint-Andrieskruis dat het tweede verdiep van de gevel bedekt.

Op een oppervlakte van 550 hectare reconstrueert het openluchtmuseum van **Bokrijk** de habitat van het Vlaamse platteland, en hoofdzakelijk die van de Kempen. Men heeft er boerderijen en schuren, kapelletjes en molens, ateliers en smidsen opnieuw opgebouwd en zo gered van de ondergang.

Hoewel oorspronkelijk opgericht als een hospitaalorde door Duitse pelgrims in het Heilige Land (rond 1190), werd de Teutoonse Orde nadien militair. Vanaf de 13de eeuw wijdden ridders, priesters en schildknapen van de orde zich aan het bestrijden van de heidenen in Oost-Europa. In 1220 stichtte de graaf van Loon te Rijkhoven de zetel van een der twaalf landcommanderijen van de Orde. Onder de naam **Alden Biesen** (oude biezen) oefende het zijn gezag uit op het land tussen Rijn en Maas. Er blijft niets over van de eerste bouwwerken. Het huidige kasteel (16de en 17de eeuw) heeft op de hoeken vier ronde torens. De vijfde toren en tevens de hoogste, deed dienst als uitkijkpost. Alden Biesen was al heel vervallen toen de Vlaamse Gemeenschap het kocht en het restaureerde om er een internationaal cultureel centrum van te maken.

Au milieu des terres fertiles et des vergers de la Hesbaye limbourgeoise, la tour de la forteresse des comtes de Looz rappelle les donjons médiévaux mais elle n'a jamais été assaillie. Elle a été intégrée au **château de Rullingen** dont le corps de logis du XVIIᵉ siècle est conçu selon la gracieuse architecture de style Renaissance mosane.

Sur la place du marché d'**Hasselt**, à l'angle de la Kapelstraat, l'ancienne auberge (1659) à l'enseigne *Het Sweert* — le glaive — est occupée par une pharmacie depuis 1713. Les croisées des fenêtres sont demeurées intactes, de même que les colombages en croix de saint André qui recouvrent le second niveau de la façade.

Etabli sur cinq cent cinquante hectares, le musée de plein air de **Bokrijk** reconstitue l'habitat rural en Flandre, principalement bien sûr en Campine. On y a remonté fermes et granges, chapelles et moulins, ateliers et forges, sauvés ainsi de la destruction.

Constitué d'abord en ordre hospitalier par des pèlerins allemands en Terre Sainte (vers 1190), l'Ordre teutonique devint ensuite militaire. Composé de chevaliers, de prêtres et de valets, il se voua dès le XIIIᵉ siècle à combattre les païens en Europe de l'Est. En 1220, le comte de Looz fonda à Rijkhoven le siège d'une des douze commanderies de l'Ordre. Dénommé **Alden Biesen** (les Vieux Joncs), elle exerçait son autorité sur les pays d'Entre-Rhin-et-Meuse. Des premières constructions, il ne reste rien. Le château actuel (XVIᵉ et XVIIᵉ siècles), présente quatre tours rondes aux angles. La cinquième, plus haute, servait de vigie. Alden Biesen était fort délabré lorsque la Communauté Flamande l'acquit et le restaura pour en faire un centre culturel international.

The tower of the fortress of the Counts of Looz, standing in the middle of the fertile fields and orchards of Hesbayian Limburg, looks like a mediæval keep, but it was never besieged. It is a part of the **château of Rullingen**, a 17th century dwelling built in the graceful architectural style of the Mosan Renaissance.

A former inn, built in 1659 stands on the corner of Kapelstraat and the market square of **Hasselt**. It bears the sign *Het Sweert* — the sword — but became a pharmacy in 1713. The casement windows are original as is the half-timbering with cross stays on the second storey of the façade.

The open-air museum of **Bokrijk**, situated on an estate of 550 hectares, is a reconstitution of rural life in Flanders and, especially, the Kempen. Farm houses, barns, chapels, mills, forges and workshops have thus been saved from destruction.

The Order of Teutonic Knights, composed of knights, priests and servants, was founded originally as a hospital order by German pilgrims to the Holy Land around 1190. Later it became a military order dedicated to combatting the pagans of Eastern Europe from the 13th century on. In 1220 the Count of Looz established one of the twelve command posts of the Order at Rijkoven. Named **Alden Biesen**, meaning «Old Rushes», its authority extended over the region between the Rhine and the Meuse. Nothing remains of the early buildings. The present castle, dating from the 16th and 17th centuries, has four round corner towers, the fifth and tallest being a watchtower. Alden Biesen was very dilapidated when it was acquired by the Flemish Community which restored it for use as an international cultural centre.

Der Turm der inmitten der fruchtbaren Äcker und Obstgärten des limburgischen Haspengaus gelegenen Festung der Grafen von Looz erinnert an die mittelalterlichen Bergfriede, obwohl die Festung niemals einem Angriff standhalten mußte. Er wurde in die **Schloßanlage von Rullingen** integriert, deren Haupttrakt aus dem 17. Jh. im maasländischen Renaissance-Stil erbaut wurde.

In der auf dem Marktplatz von **Hasselt** an der Ecke Kapelstraat (Kapellenstraße) gelegenen ehemaligen Herberge (1659) mit dem Namen *Het Sweert* («das Schwert») ist seit 1713 eine Apotheke untergebracht. Die Fensterkreuze sind, ebenso wie das Fachwerk aus Andreaskreuzen im oberen Teil der Fassade, unversehrt erhalten geblieben.

Das Freilichtmuseum von **Bokrijk** vermittelt auf einer Fläche von 550 Hektar einen Eindruck vom Landleben in Flandern, insbesondere natürlich in der Kempener Tiefebene. Bauernhöfe und Scheunen, Kapellen und Mühlen, Werkstätten und Schmieden wurden wiederaufgebaut und so vor dem Verfall bewahrt.

Der Deutsche Orden, um 1190 zunächst von deutschen Pilgern im Heiligen Land als Krankenhausorden gegründet, verfolgte später militärische Ziele. Vom 13. Jh. an bekämpfte der aus Rittern, Priestern und Knechten bestehende Orden die Heiden in Osteuropa. 1220 gründete der Graf von Loon in Rijkhoven den Sitz einer der 12 Komtureien des Ordens. Unter dem Namen **Alden Biesen** (Alte Binsen) herrschte die Komturei fortan über die Länder zwischen Rhein und Maas. Von den ursprünglichen Gebäuden ist nichts übriggeblieben. Das heutige Schloß (16. und 17. Jh.) weist 4 Rundtürme an den Ecken auf. Der fünfte und höchste Turm diente als Wachturm. Als die Flämische Gemeinschaft Alden Biesen erwarb, war das Schoß baufällig. Es wurde restauriert und dient heute als internationales Kulturzentrum.

Edifié au début du XVIᵉ siècle, selon les conceptions persistantes du gothique, le **château de Jehay** présente une curieuse façade en damier où les blocs de grès sont liés de part en part par des blocs de calcaire plus grands. Les douves ceinturent le manoir et l'église Saint-Lambert.

Liège dut sa prospérité à sa position de carrefour et son prestige à l'action et à l'esprit d'indépendance de ses princes-évêques. Sa neutralité dans les conflits européens des XVIᵉ et XVIIᵉ siècles ainsi que la qualité de sa métallurgie favorisèrent son industrie d'armement. C'est ainsi que s'enrichit Jean Curtius qui se fit bâtir le long de la Meuse un hôtel de style Renaissance mosane (1600-1610).

Lové dans la vallée du Wayai, non loin de l'Amblève, le **château d'Harzé**, édifié à l'emplacement d'une ancienne maison forte, date pour l'essentiel de sa structure du début du XVIIᵉ siècle. A cette époque appartiennent la grosse tour carrée à lanterne, la façade et la galerie Renaissance de la cour d'honneur. Mais, à gauche du portail, la façade est posée sur d'épaisses murailles de calcaire qui pourraient être du XVᵉ siècle.
En 1973, la province de Liège acheta le château et en fit un centre de loisirs accueillant expositions d'art, concerts et rencontres littéraires.

Les gelées sont précoces dans les **Hautes Fagnes** et la neige y tombe plus abondamment qu'ailleurs en Ardenne. Elle recouvre alors une flore subalpine et arctique, tout en faisant la joie des skieurs de fond. D'une altitude de 675 mètres, le plateau des Hautes Fagnes constitue le point culminant de la Belgique.

Het **kasteel van Jehay** werd opgericht in het begin van de 16de eeuw volgens de aanhoudende gotische stijl. In de merkwaardige geruite gevel worden blokken zandsteen afgewisseld met grotere blokken kalksteen. Slotgrachten omringen het kasteeltje en de Sint-Lambertuskerk.

Luik dankte zijn welvaart aan zijn gunstige ligging en zijn prestige aan de ondernemingszin en de onafhankelijkheidszin van zijn prins-bisschoppen. Zijn neutraliteit in de Europese conflicten in de 16de en 17de eeuw en de kwaliteit van zijn metaal-nijverheid bevorderden de Luikse wapenindustrie. Op die manier verwierf ook Jean Curtius zijn rijkdom, die aan de oevers van de Maas een hotel liet bouwen in renaissancestijl (1600-1610).

Verborgen in de vallei van de Wayai, niet ver van de Amblève, ligt het **kasteel van Harzé**. Het werd gebouwd op de resten van een vroegere versterkte woonst en dateert grotendeels uit het begin van de 17de eeuw. Uit deze periode stammen ook de grote vierkante toren met koepel, de gevel en de renaissance galerij van het voorplein. Maar links van de hoofdingang rust de gevel op dikke kalkstenen muren die zouden kunnen dateren uit de 15de eeuw.
In 1973 kocht de Provincie Luik het kasteel en maakte er een ontspanningscentrum van, waar kunsttentoonstellingen, concerten en literaire ontmoetingen worden georganiseerd.

In de **Hoge Venen** kan de vorst al vroeg zijn intrede doen en het sneeuwt er veel meer dan in de rest van de Ardennen. De sneeuw bedekt er een subalpien en noordelijk flora, en zorgt voor heel wat pret bij de langlaufers. Met een hoogte van 675 meter is het plateau van de Hoge Venen het hoogste punt van België.

The façade of **Jehay castle**, built in the early 16th century in the still pervasive Gothic style, has a curious checkerboard pattern of sandstone blocks and larger limestone blocks. A moat encircles the manor and Saint Lambert's church.

Liège owed its prosperity to its position as a crossroads and its prestige to the independent spirit and actions of its Prince-Bishops. The quality of its metallurgy and its neutrality during the 16th and 17th century European conflicts benefitted its arms industry. Jean Curtius, who made a fortune in armaments, built this Mosan Renaissance mansion (1600-1610) on the banks of the Meuse.

Harzé castle, nestled in the valley of the Wayai not too far from the Amblève, was built on the site of an old fortified house. Most of the structure dates from the early 17th century such as the massive square tower with the lantern, the façade and the Renaissance gallery in the main courtyard. To the left of the portal the façade stands on thick limestone walls that may be 15th century.
In 1973 the Province of Liège bought the castle to use as a cutural centre hosting art exhibitions, concerts and literary activities.

Frost comes early to the **Hautes Fagnes** and more snow falls there than elsewhere in the Ardennes, covering the subalpine and arctic flora and delighting cross-country skiers. At 675 meters the plateau of the Hautes Fagnes has the highest elevation in Belgium.

Die Besonderheit des **Schloßes von Jehay**, das zu Beginn des 16. Jahrhunderts im weiterhin vorherrschenden gothischen Stil erbaut wurde, ist die Fassade. Sandsteinblöcke wurden abwechselnd mit größeren Kalksteinblöcken zu einem Schachbrettmuster angeordnet. Nicht nur der Landsitz selbst, sondern auch die St.-Lambert-Kirche ist von Wassergräben gesäumt.

Lüttich verdankt seinen Reichtum seiner Lage und sein Ansehen den Taten und dem Unabhängigkeitsdrang seiner Fürstbischöfe. Die Waffenindustrie wurde durch die Neutralität Lüttichs während der europäischen Konflikte im 16. und 17. Jh. sowie die Qualität ihrer Metallindustrie begünstigt. So kam auch Jean Curtius zu seinem Reichtum, der am Ufer der Maas ein Herrenhaus im maasländischen Renaissance-Stil (1600-1610) erbauen ließ.

Das im Wayai-Tal, unweit von Amblève, an der Stelle einer ehemaligen Festung gelegene **Schloß von Harzé** wurde größtenteils zu Beginn des 17. Jhs. erbaut. Aus dieser Zeit stammen der imposante viereckige Laternenturm, die Fassade und die Renaissance-Galerie des Ehrenhofs. Links neben dem Portal stützt sich die Fassade jedoch auf dicke Mauern aus Kalkstein, die aus dem 15. Jh. stammen könnten.
1973 wurde das Schloß von der Provinz Lüttich gekauft und dient nun als Kulturzentrum, in dem Kunstausstellungen, Konzerte und literarische Veranstaltungen stattfinden.

Im **Hohen Venn** setzt der Frost sehr früh ein, und auch der Schnee fällt hier reichlicher als in den übrigen Gebieten der Ardennen. Folglich ist die Flora subalpin bis arktisch: für Langläufer ein Paradies. Das Hohe Venn ist mit 675 m der höchste Punkt Belgiens.

La petite ville de **Limbourg**, ancienne capitale du duché qui a indûment donné son nom à l'actuelle province flamande, est paisiblement perchée sur les hauteurs d'un rocher. Les maisons bourgeoises qui bordent la grand-rue et la place n'évoquent en rien la redoutable forteresse d'antan dont ne subsistent que les remparts.

Het kleine stadje **Limbourg**, vroegere hoofdstad van het graafschap dat ten onrechte zijn naam heeft gegeven aan de huidige Vlaamse provincie, ligt vredig op de hoogte van een rots. De herenhuizen aan de rand van de hoofdstraat en het plein doen helemaal niet terugdenken aan het schrikwekkende fort van weleer waarvan nu enkel nog de vestingmuren overblijven.

The little town of **Limbourg**, former capital of a Duchy which gave its name to the present Flemish Province, perches peacefully on a high, rocky eminence. The comfortable houses of the main street and square bear no resemblance to the formidable fortress of the past, of which nothing is left but the ramparts.

Die kleine Stadt **Limbourg**, einst Hauptstadt des Herzogtums, die der heutigen flämischen Provinz ihren Namen gegeben hat, ist friedlich auf der Anhöhe eines Felsens gelegen. Die Bürgerhäuser entlang der Hauptstraße und des Platzes erinnern in keiner Weise an die furchterregende Festung früherer Zeiten, von der lediglich die Befestigungsmauer übriggeblieben ist.

Nichée dans une boucle de l'Ourthe Occidentale au pied d'un rocher aux plissements parallèles, **Durbuy** se fit octroyer en 1331 le titre de ville. A l'emplacement de l'ancienne forteresse qui dominait la cité, le château des comtes d'Ursel remonte au XVIIe siècle. Le **barrage de Nisramont** forme un lac de 47 hectares. 300 millions d'années de creusements successifs ont encaissé les vallées du massif ardennais, d'origine hercynienne, et érodé ses sommets en forme de collines entre lesquelles s'insinuent les deux Ourthes et le Hérou.

Genesteld in de kromming van de Oostelijke Ourthe, en aan de voet van een rotsmassief opgebouwd uit parallelle plooiingen, werd **Durbuy** in 1331 de titel van stad toegekend. Op de plaats waar vroeger het fort stond dat de stad domineerde, prijkt nu het kasteel van de graven van Ursel uit de 17de eeuw. De **stuwdam van Nisramont** vormt een meer van 47 hectare. In het Ardens massief, dat stamt uit het hercynisch tijdperk, werden in 300 miljoen jaartijd de valleien dieper uitgegraven en erodeerden de bergtoppen tot afgeronde heuvels. Ertussen slingeren zich de twee Ourthes en de Hérou.

Durbuy nestled in a bend of the eastern Ourthe at the foot of an impressive rock formation with parallel folding received its town charter in 1331. The castle of the Counts of Ursel, built on the site of the former fortress which dominated the town, dates from the 18th century.
The **Nisramont dam** holds back a 47 hectare lake. The Ardennes massif originates in the Hercynian era and three hundred million years of geological activity have deepened the valleys and eroded the summits of the hills, between which wind the two Ourthe rivers and the Hérou.

Durbuy, das 1331 die Stadtrechte erhielt, ist in einer Biegung des französischen Flusses Ourthe, am Fuße parallel verlaufender Gebirgsfalten, gelegen. An der Stelle der ehemaligen Festung, die einstmals das Stadtbild beherrschte, befindet sich heute das Schloß der Grafen von Ursel, dessen Ursprünge ins 17. Jh. reichen.
Der **Staudamm von Nisramont** läßt einen See mit einer Fläche von 47 Hektar entstehen. Über 300 Millionen Jahre hinweg haben sich die Täler tief das Ardennen-Bergmassif herzynischen Ursprungs gegraben. Die Flüsse Ourthe und Hérou winden sich zwischen den Hügeln, die durch Erosion entstanden sind und sich im Herbst wundervoll einfärben.

Depuis sa source près d'Arlon, la **Semois** multiplie les sinuosités et les méandres avant de se perdre dans les eaux de la Meuse en France. Elle crée de la sorte une variété infinie de paysages, tantôt tourmentés, tantôt apaisants. Peut-on rêver décor plus idyllique que celui de la rivière contournant sur sa rive gauche le petit hameau de Mouzaive. Les siècles semblent avoir arrêté leur marche dans les maisons aux toits d'ardoises, réunies autour de l'église du XIIe siècle. Non loin de là, on cultivait le tabac dans les terres à la fois sèches en surface et humides en profondeur. Malheureusement les séchoirs où pendent les odorantes feuilles de l'herbe à Nicot sont devenus très rares...

Vanaf haar bron vlakbij Aarlen, kronkelt en meandert de **Semois** veelvuldig vooraleer uit te vloeien in de Franse Maas. Op die manier creëert de rivier talloze afwisselende landschappen, nu eens onrustig, dan weer vredig. Kan men zich een meer idyllisch plaatje voorstellen dan dat van de rivier die op haar linkeroever lieflijk het kleine gehucht Mouzaive omarmt. De eeuwen lijken geen vat te hebben gehad op de huizen met hun leien daken, verzameld rondom de kerk uit de 12de eeuw. Niet ver daar vandaan teelde men tabak in aarde die droog was aan de oppervlakte en vochtig in de diepte. Spijtig genoeg zijn de droogplaatsen, waar de welriekende bladeren hingen van de nicotinehoudende plant, heel zeldzaam geworden.

The **Semois** rises near Arlon and winds in multiple meanders before joining the Meuse in France. Its sinuous course has created a varied landscape, sometimes peaceful, sometimes wild. There is no prospect more idyllic than that of the river curving around the hamlet of Mouzaive on the left bank. Time seems to have stood still for the slate-roofed houses grouped around the 12th century church. Tobacco was grown nearby in a soil which is dry on the surface but humid underneath. It is a pity that most of the curing sheds where the fragrant leaf of Nicot were hung to dry have disappeared...

Die **Semois** schlängelt sich von ihrer Quelle bei Arlon in zahlreichen Biegungen und Windungen bis zu ihrem Zusammenfluß mit der Maas in Frankreich. An ihren Ufern sind vielseitige Landschaften entstanden — mal wild, mal sanft. Bei dem kleinen Weiler Mouzaive, der am linken Ufer des Flusses gelegen ist, bietet sich dem Betrachter ein idyllisches Bild. In dem Ort mit den schieferbedeckten Häusern, die sich um die Kirche aus dem 12. Jh. gruppieren, scheint die Zeit stehengeblieben zu sein. Ganz in der Nähe wurde Tabak angebaut. Die Erde ist an der Oberfläche trocken, speichert in der Tiefe jedoch die Feuchtigkeit. Leider finden sich nur noch wenige Trockenkammern, in denen die duftenden Tabakblätter aufgehängt werden...

Namur

Cité dans les documents à partir du XIIᵉ siècle, le pont de Jambes fut longtemps le passage obligé entre les deux rives de la Meuse, l'une dépendant du prince-évêque de Liège, l'autre du comte de Namur. Sur le Champeau qui darde son éperon entre la Meuse et la Sambre, se succédèrent forteresses néolithique, celtique, romaine, médiévale, moderne. La citadelle connut des sièges célèbres — dont celui de Louis XIV en 1696 — avant d'être reconstruite en 1817 par les Hollandais qui respectèrent son tracé irrégulier et plusieurs tours. Namur doit son origine à l'étape de batellerie à une heure de navigation de Dinant en aval et de Huy en amont. Elle est aujourd'hui la capitale de la Région wallonne qui y a installé son gouvernement et son parlement.

La terre de **Sosoye** est arrosée par la Molignée qui serpente entre des blocs rocheux et des collines boisées. Le paysage est caractéristique du Condroz où alternent bombements et dépressions. Ce relief résulte de l'érosion qui, durant deux millions et demi d'années de l'ère tertiaire, a modelé les roches.

Le tourisme a redonné vie au chemin de fer à vapeur de la Compagnie d'Entre-Sambre-et-Meuse, qui reliait Mariembourg à Treignes en parcourant les pittoresques **vallées du Viroin** et de ses affluents, l'Eau blanche et l'Eau noire. D'où son nom actuel de Chemin de fer des Trois vallées.

Charles-Alexis de Montpellier consacra sa fortune de maître des forges à aménager en jardins et parcs les onze hectares entourant le manoir d'**Annevoie** qu'il avait acquis en 1758. Pour les cascades et les jets d'eau qu'il créa, il ne dut recourir à aucune mécanique; ils étaient alimentés par les quatre sources qui apportaient l'eau à un grand canal creusé en haut de la colline.

Namen

De brug van Jambes wordt vermeld in de geschriften vanaf de 12de eeuw. Het was lang de verplichte oversteekplaats tussen de twee oevers van de Maas, waarvan de ene afhankelijk was van het Prinsbisdom Luik en de andere van de graaf van Namen. Op de Champeau, de spitse rots tussen Maas en Samber, volgden neolithische, Keltische, Romeinse, middeleeuwse en moderne vestingen elkaar op. De citadel ondergeling beroemde belegeringen – waaronder het beleg van Lodewijk XIV in 1696 – vooraleer het in 1817 opnieuw werd opgebouwd door de Hollanders, die het onregelmatige ontwerp en de verschillende torens behielden. Namen dankt haar ontstaan aan een halte in de binnenscheepvaart: een uur varen van Dinant stroomafwaarts en van Hoei stroomopwaarts. Vandaag is het de hoofdstad van het Waals Gewest dat er zijn regering en parlement heeft ondergebracht.

De bodem van **Sosoye** wordt bevloeid door de Molignée die zich tussen de rotsblokken en de beboste heuvels slingert. Het landschap is typisch voor Condroz, met afwisselend welvingen en depressies. Dit reliëf is het resultaat van de erosie die, gedurende het tweeënhalf miljoen jaar durende Tertiair, de rotsen heeft gevormd.

Het toerisme heeft de stoomtrein van de Compagnie d'Entre-Sambre-et-Meuse nieuw leven ingeblazen. Deze Compagnie zorgde voor de verbinding tussen Mariembourg en Treignes en reed hierbij langs de pittoreske **vallei van de Viroin** en haar zijriviertjes l'Eau Blanche (het witte water) en l'Eau Noire (het zwarte water). Vandaar ook de huidige naam van de spoorweg: *Chemin de fer des Trois Vallées* (spoorweg van de drie valleien).

Karel-Alexis de Montpellier besteedde zijn fortuin, dat hij vergaarde als meestersmid aan het aanleggen van de tuinen en parken van het 11 hectare grote domein dat het landgoed van **Annevoie** (aangekocht in 1758) omringde. Voor de watervallen en fonteinen die hij ontwierp, moest hij geen beroep doen op mechanische hulpmiddelen. Ze werden op natuurlijke wijze gevoed door vier bronnen die hun water aanvoerden langs een groot kanaal dat de heuvel afstroomde.

Namur

For a very long time those wishing to cross the Meuse to the lands of the Prince-Bishop of Liège on one bank to the lands of the Count of Namur on the other were obliged to use the bridge at Jambes, mentioned in documents from the 12th century on. The Champeau, a spur jutting between the Sambre and the Meuse has had a succession of fortresses: neolithic, Celtic, Roman, mediæval and modern. The citadel had endured a number of famous sieges, notably that of Louis XIV in 1690 before it was rebuilt by the Dutch in 1817, keeping its irregular shape and several towers. Namur originated as a landing stage for river traffic, being one hour downstream from Dinant and upstream from Huy. It is now the capital of the Walloon region with its government and parliament.

The region of **Sosoye** is watered by the Molignée which winds between rocky outcrops and wooded hills. This landscape is typical of the Condroz where heights and depressions alternate. The relief is due to eroding forces working on the rock for the two-and-a-half million years of the Tertiary era.

Tourism has given a new lease on life to the steam train of the old Compagnie d'Entre-Sambre-et-Meuse which once linked Mariembourg at Treignes. It is now called «The Railway of the Three Valleys» as it runs through the picturesque **valleys of the Viroin** and its tributaries, the Eau Blanche (Whitewater) and the Eau Noire (Blackwater).

Charles-Alexis de Montpellier devoted the fortune he had made as an ironmaster to laying out and developing gardens and parks in the eleven hectares of the manor of **Annevoie** that he had bought in 1758. The cascades and fountains he created have no mechanical parts: the water flows from a large canal dug at the top of the hill and fed by four springs.

Namur

Die Jambes-Brücke, die im 12. Jh. erstmals erwähnt wird, war lange Zeit der einzige Übergang über die Maas. Ein Ufer unterstand dem Fürstbischof von Lüttich, das andere dem Herzog von Namur. Auf dem Champeau, dessen Vorsprung sich zwischen Maas und Sambre schiebt, standen nacheinander eine neolithische, keltische, römische, mittelalterliche und moderne Festung, Sitz berühmter Persönlichkeiten, wie Ludwig XIV. im Jahre 1696. 1817 wurde sie von den Holländern wiederaufgebaut, die ihren unregelmäßigen Grundriß und zahlreiche Türme unverändert ließen. Namur verdankt seine Gründung der Binnenschiffahrt: eine Stunde flußabwärts liegt Dinant, eine Stunde flußaufwärts Huy. Heute ist Namur die Hauptstadt Walloniens und Sitz von Regierung und Parlament dieser Region.

Die Molignée, die die Böden von **Sosoye** bewässert, schlängelt sich zwischen Felsblöcken und bewaldeten Hügeln hindurch. Die Landschaft ist typisch für den Condroz, in dem sich Anhöhen und Senken ständig abwechseln. Diese Oberflächengestalt ist das Ergebnis der Erosion, die im Tertiär zweieinhalb Millionen Jahre lang die Felsen geformt hat.

Dank des Tourismus wurde die Dampfeisenbahn der Gesellschaft «Entre-Sambre-et-Meuse», die Mariembourg mit Treignes verband, wieder zum Leben erweckt. Sie führt durch die malerischen **Täler des Viroin** und seiner Nebenflüsse «Eau blanche» und «Eau noire» — daher auch ihr heutiger Name: «Drei-Täler-Bahn».

Charles-Alexis de Montpellier erwarb den Landsitz von **Annevoie** im Jahre 1758 und gab sein Vermögen, das er als Schmied erwirtschaftet hatte, für die Anlage von Gärten und Parks auf den 11 Hektar Land aus. Die von ihm kreierten Wasserfälle und Springbrunnen brauchten nicht mechanisch betrieben zu werden: Sie wurden von den vier Quellen gespeist, deren Wasser in einem großen, über die Anhöhe verlaufenden Kanal zusammenfloß.

Après avoir été démantelé en 1554 par les troupes du roi de France Henri II, le château de **Spontin** fut reconstruit en 1622 autour de son donjon du XIIIe siècle. Le haut des murailles fut transformé et des fenêtres à croisées remplacèrent les meurtrières des courtines. Mais l'aspect défensif moyenâgeux subsiste et c'est toujours un pont-levis qui franchit les eaux du Bocq.

Nadat het kasteel van **Spontin** in 1554 werd ontmanteld door de troepen van de Franse koning Hendrik II, werd het in 1622 opnieuw opgebouwd rondom de donjon die stamde uit de 13de eeuw. De bovenzijde van de vestingmuren werden aangepast en in de gevels met hoekpaviljoens kwamen kruisvensters op de plaats van de schietgaten. Maar het Middeleeuwse verdedigende karakter bleef behouden; de ophaalbrug overspant nog steeds het water van de Bocq.

Spontin castle was demolished by the troops of King Henri II of France in 1554 and was rebuilt around the 13th century keep in 1622. The upper walls were remodelled and lattice windows replaced the arrow slits in the curtain wall. The castle still exhibits the defensive air of the Middle Ages, however, and there is still a drawbridge crossing the Bocq.

Nachdem die Truppen des französischen Königs Heinrich II. das Schloß von **Spontin** im Jahre 1554 niedergerissen hatten, wurde es 1622 um seinen Bergfried aus dem 13. Jh. herum wiederaufgebaut. Die Höhe der Mauern wurde verändert und die Schießscharten der Kurtinen durch Sprossenfenster ersetzt. Das mittelalterliche defensive Erscheinungsbild ist jedoch erhalten geblieben, und über den Bocq führt heute noch eine Zugbrücke.

Connus par leur production d'objets en cuivre martelé — la dinanderie — les dinantais avaient aussi une solide réputation de batailleurs. Toutefois, ce n'est pas la guerre qui détruisit leur église romane mais la chute d'un pan de la rocher. La construction d'une collégiale gothique fut aussitôt entreprise. Mais, au milieu du XVIe siècle, les tours demeuraient inachevées. Plutôt que d'édifier les flèches jumelles prévues à l'origine, les dinantais imaginèrent alors un curieux clocher en forme de poire.
A cent mètres au-dessus de la Meuse, la citadelle de **Dinant** fut fréquemment remaniée, notamment sous le régime hollandais qui en fit un lieu de garnison en 1820. Elle le resta jusqu'en 1865.

De inwoners van Dinant zijn gekend om de productie van voorwerpen in gehamerd koper — dinanderie genaamd — maar ze hebben ook een stevige reputatie als vechtersbazen. Toch werd hun romaanse kerk niet verwoest door een oorlog, maar door de val van een rotsblok. Er werd onmiddellijk begonnen met de bouw van een gotische collegiale kerk. Maar halverwege de 16de eeuw bleven de torens nog steeds onafgewerkt. In plaats van er de voorziene spitse dubbele torens op te bouwen, bedachten de Dinantezen een merkwaardige peervormige klokkentoren.
Zo'n 100 meter boven de Maas bevindt zich de citadel van **Dinant**. Deze werd veelvuldig veranderd, zo ook onder het Hollands regime dat er van 1820 tot 1865 een garnizoenplaats van maakte.

Although best known fot their production of hammered copperware — dinanderie — the citizens of Dinant were also renowned for their combativeness. It was not war that destroyed their Romanesque church, however, but a rock slide. Construction of the Gothic collegiate church began immediately after but by the middle of the 16th century the towers had not yet been finished. Instead of raising twin spires as in the original plans, the citizens decided on one curious pear-shaped bell tower.
The citadel of **Dinant**, one hundred meters above the Meuse, was often altered, notably by the Dutch who installed a garrison in 1820. It was used for this purpose until 1865.

Die für ihre Kupferschmiedekunst bekannten Bewohner von Dinant hatten auch den Ruf, gute Krieger zu sein. Die Zerstörung der romanischen Kirche ist jedoch nicht auf einen Krieg, sondern auf den Sturz eines Felsbrockens zurückzuführen. Danach wurde mit dem Bau einer gothischen Stiftskirche begonnen. Mitte des 16. Jhs. wurden die Arbeiten an den Türmen eingestellt. Statt, wie vorgesehen, zwei gleiche Turmspitzen zu errichten, entwarfen die Bürger von Dinant einen birnenförmigen Glockenturm.
Die Zitadelle von **Dinant**, rund 100 m oberhalb der Maas gelegen, wurde mehrmals umgebaut, insbesondere unter der Herrschaft der Holländer, die sie 1820 in ein Garnisonslager verwandelten. Diese Funktion übte sie bis 1865 aus.

Les grottes étagées de **Furfooz** furent occupées par les hommes du paléolithique et du néolithique. On y a d'ailleurs mis à jour dix-huit squelettes datant de l'âge de la pierre polie, des ossements de mammouths, rhinocéros, rennes, chamois et bouquetins, des silex taillés et autres outils. Aux temps préhistoriques, la Lesse coulait quasi à plein bord du massif rocheux.

De terrasgewijs oplopende grotten van **Furfooz** werden, ten tijde van het Paleolithicum en het Neolithicum, bewoond door mensen. Men heeft er trouwens 18 skeletten teruggevonden uit het Neolithicum, naast de beenderen van mammoeten, neushoorns, rendieren, gemzen en steenbokken, bewerkte vuursteen en andere gereedschappen. Ten tijde van de prehistorie stroomde de Lesse tot bijna aan de rand van het rotsmassief.

Caves rising in storeys at **Furfooz** were occupied by paleolithic and neolithic man. Eighteen skeletons dating from the New Stone Age have been found as well as mammoth, rhinoceros, reindeer, chamois and ibex bones and chipped flints and other tools. In prehistoric times the Lesse flowed very near the edge of the rocky massif.

Im Paläolithikum und Neolithikum lebten in den terrassenförmig angeordneten Höhlen von **Furfooz** Menschen. Hier wurden 18 Skelette aus der Jungsteinzeit, Knochen von Mammuts, Rhinozerossen, Rentieren, Gemsen und Steinböcken sowie geschliffene Feuersteine und andere Werkzeuge gefunden. In prähistorischen Zeiten floß die Lesse unmittelbar an dem Felsmassiv entlang.

En Condroz, bâti sur la masse rocheuse, le **château de Vêves** fut maintes fois assailli, démoli et reconstruit. Toutefois, sa forme triangulaire avec des tours surmontées de flèches, suggère le décor d'un conte de fées plutôt que celui d'un assaut guerrier.

In de Condroz, gelegen op een rotsmassief, werd het **kasteel van Vêves** verschillende keren bestormd, verwoest en heropgebouwd. Toch doen de driehoekige vorm en de torens met bovenop spitsen eerder denken aan het decor van een sprookje dan aan dat van een oorlogsbestorming.

The **castle of Vêves**, built on a rocky height, has been attacked, destroyed and rebuilt many times. Nevertheless, its triangular shape and spired towers are more evocative of fairy tales than armed assaults.

Das auf dem Felsmassiv gelegene **Schloß Vêves** wurde mehrmals überfallen, zerstört und wiederaufgebaut. Mit seinem dreieckigen Grundriß und den spitzen Türmen erinnert es jedoch eher an die Kulisse für ein Märchen als an einen Kriegsschauplatz.

s.p.r.l. EDITIONS MERCKX UITGEVERIJ b.v.b.a.

Avenue des Statuaires 145A, B-1180 Bruxelles

Beeldhouwerslaan 145A, B-1180 Brussel

☎ 02/374.41.56
Fax 32/2/375.80.37

Photos	© Editions Merckx Uitgeverij sprl/bvba
Texts	Georges-Henri Dumont
Editor	Vincent Merckx
Photo assistants	Philippe Molitor, Damien Hubaut
Nederlandse bewerking	Mireille Van Den Abeele
English translation	Sheila Tessier-Lavigne
Deutsche Überzetsung	DSDB
Photo engraving	Techniscan (Grimbergen)
Printing	Euroset (Kuurne)

D-1997-0398-16
ISBN 90-74847-15-3

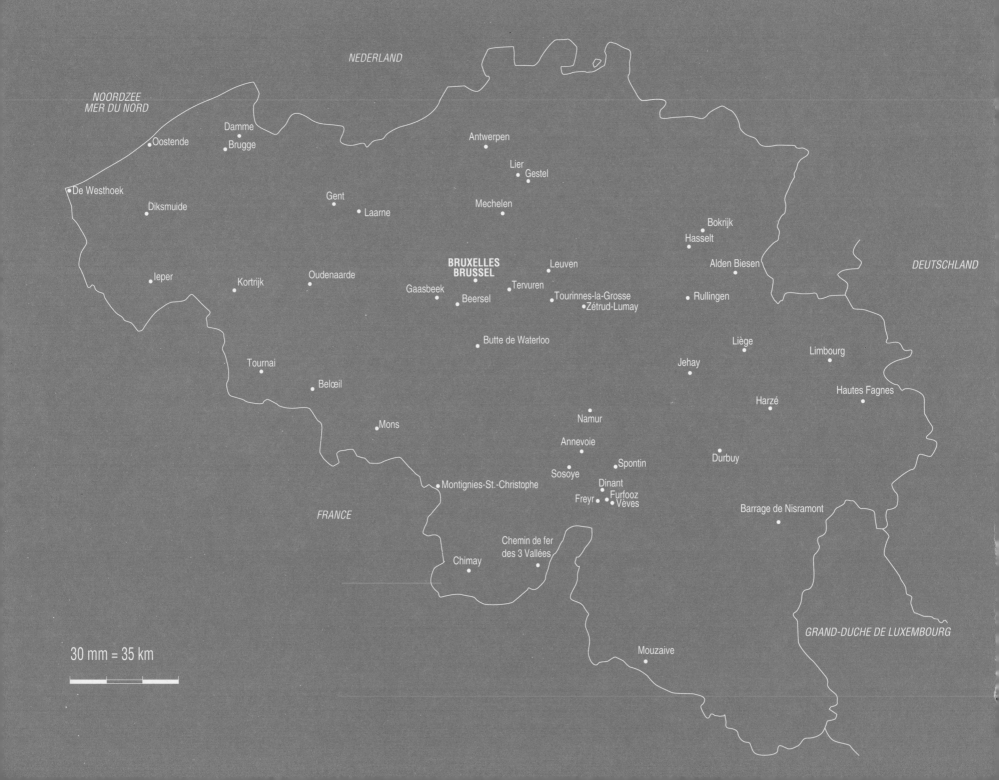